翎远华章
LYHZBOOK
为梦想插上翅膀

我们什么时候不再“土豪”

一个中国博士后眼中的美国文化

岳红记/著

人民东方出版传媒
東方出版社

图书在版编目（CIP）数据

我们什么时候不再"土豪"：一个中国博士后眼中的美国文化 / 岳红记著. —北京：东方出版社，2015

ISBN 978-7-5060-8902-9

Ⅰ. ①我… Ⅱ. ①岳… Ⅲ. ①文化—研究—美国
Ⅳ. ①G171.2

中国版本图书馆CIP数据核字(2016)第011649号

我们什么时候不再"土豪"：一个中国博士后眼中的美国文化

（WOMEN SHENME SHIHOU BU ZAI TUHAO : YIGE ZHONGGUO BOSHIHOU YANZHONG DE MEIGUO WENHUA）

岳红记　著

策划编辑：白　翎　鲁艳芳
责任编辑：王　欣
出　　版：東方出版社
发　　行：人民东方出版传媒有限公司
地　　址：北京市东城区朝阳门内大街 192 号
邮政编码：100010
印　　刷：北京爱丽精特彩印有限公司
版　　次：2016 年 4 月第 1 版
印　　次：2016 年 4 月北京第 1 次印刷
开　　本：710 毫米 ×1000 毫米　1/16
印　　张：17
字　　数：225千字
书　　号：ISBN 978-7-5060-8902-9
定　　价：39. 80 元
发行电话：（010）64258117　64258115　64258112

自序

在2014年春节前的腊月29日，我终于写完了这本书，长舒一口气。

吃完饭，我对妻子说，书稿完了，你说起个啥名字？妻子说，咱们讨论一下。此时5岁8个月的女儿上前稚声稚气地问，爸爸你写的啥呀？我说，写的是咱们到美国旅游的经历。女儿未加思考，脱口而出：爸爸，那就叫“离开了我的家乡”，要么叫“劳累的快乐”。我笑着问女儿，为啥要起这个名字。女儿歪着头说，因为在美国旅游时，把人累得不行，但我很快乐。

是的，女儿说得很对。旅游是一个体力活，很辛苦，很劳累，但也很快乐。她的话，让我想起了2012年夏天我们一家人在美国期间的一幕幕……

2012年5月15日，我带着当时只有4岁多的女儿到了美国华盛顿州的第二大城市斯波坎市（Spokane），妻子在距离该市只有半个小时车程的东华盛顿大学做访问学者，我们去看望她。在这期间，我们抽空到美国的一些地方走走看看。

在行走中，我的思绪起伏连绵，惊喜、激动、忧虑、不安……时时而来。晚上回到住处，我不顾旅途劳累，开始写一点感想。有时候，累得实在写不下去，就把当时的感觉写一个轮廓，就像我外出写生时画速写那样。

美国是一个大国，中国也是一个大国。美国是中国最大的债务国，中国是美国最大的债权国。除此之外，中国每年还向其他国家援助和投资。

中国了不起！中国人更应值得骄傲。在美国的每一个大城市，都有China Town（唐人街）。在小城镇，也有中国人开的餐馆。大陆的中国人这几年富了，到美国去的人逐年增加，有商务往来、有留学、有探亲、有做访问学者，其中旅游的人最多。我认为，凡是去的人，都对美国的经济发展有一定的贡献。

中国人常常羡慕美国的蓝天、白云、空气……在街上走累了，随便找个地方坐下休息一会儿，衣服上也不沾灰尘。同时，有些中国人在美国，或商场购物、或购房置业……皆出手阔绰大方、潇洒慷慨，把美国老百姓看得目瞪口呆。于是，他们送我们一个名词“土豪”（local tyrant）。“土豪”，古代的意思很多，且多为贬意，今指一个人或者国家富有，但缺少知识文化和素养，富而不贵。

对美国的印象，一百人的眼中有一百个说法。去过美国的中国人，不知道有多少人从内心深处反思过——美国到底“美”在哪里？为什么“美”？难道它没有“丑”的地方？

这就是我写这本书的目的。我在自己的见闻中开始了深深的反思，这种反思，有助于我们对美国的社会、文化、生活有一个相对全面的认识和理解；这种反思，有助于我们认识到自己的不足，从而知道如何更好地提升自己、如何正确地教育我们的孩子、如何保护我们的环境、如何愿意为他人提供真诚无私的帮助……这种反思，有助于理解别人为什么称呼我们为“土豪”。中国的GDP已经位居世界第二，将来或许有超过美国的可能，位居世界第一位，但我们什么时候不再“土豪”？

在旅游期间，我们曾经接受过一些美国陌生人无私热情的帮助，他们有的人用私家车送我们到长途汽车站，有的人到机场接我们，有的人为我们带路……他们的善良和热情，让出门在外、远离家乡的我们一家人心存感激。他们的行为，也渐渐地感染着我、改变着我。

当然，我也体会到有些美国人对中国人的蔑视……

但最让我吃惊和想不通的是，以前移民到美国的中国人，对待国内游客的冷漠、压诈、欺骗……难道我们不是同胞吗？

我希望我的反思，能引起同胞的反思。新年的钟声就要敲响了，腊月29日的晚上，我可以睡一个好觉，但我有一个梦，就是希望我们不再被别人称为“土豪”……

2014年1月29日晚于古城西安南郊

目录 Content

1

随缘，让我心怀感激

樂山大佛 甲午夏

2012年5月15日，我带着4岁多的女儿到美国华盛顿州距离斯波坎市（Spokane）不远的东华盛顿大学，去探望在这里做访问学者的妻子。妻子到美国已经4个多月了，女儿很想念她。

早上8点，朋友用车子送我们到西安咸阳国际机场后，我们坐上了10:45海南航空公司的飞机，在12:45到达北京。然后经过2个多小时的中国海关边检，在北京时间16:40再次登上了海南航空公司飞往美国西雅图（Seattle）的航班。

1个多小时后，通过前排座位后背椅上电视里显示的航空路线，我知道，飞机已过我国境内的东北三省到了俄罗斯的西伯利亚。此时空乘小姐送上了晚餐，我给女儿要了一份鸡肉米饭，给自己要了一份猪肉面条。我们吃着聊着，女儿很兴奋，不时地问我，什么时候能见到妈妈。我说，你吃完饭，好好睡一觉，第二天早上就可以看见妈妈了。

吃饭后，女儿睡着了。我看她靠在椅子上很难受，就让她平躺下来，把小腿放在我的大腿上。

一会儿，我的腿被压麻了，很不舒服。

我扭过头，发现机舱后边有几个空位，但都不是三个位置挨着。而过道的左边，距离我们后一排有个光头中年男子，他占了两个座位，自己坐在最外边的位置上，旁边座位上放着他的衣服和一个小皮箱。我想，如果让他坐到里面的位置上去，我坐在他的位置上，就可以近距离照看女儿了。他愿意吗？

这男子，阔脸且微黑、络腮胡子，穿白衬衣，戴黑色眼罩，不知道是睡着了还是没有。脖子上架着一个灰色护枕，胸前活动板上放着一台打开的上网本，一看就知道他是经常坐长途飞机的人。但他这身打扮，总让人觉得像是黑社会的人。没有人敢搭理他，他也不搭理别人，很是神秘。

按照惯例来说，他那只小皮箱要放在头顶行李舱内的。空姐从他旁边经过好几次，也不去干涉。这足以说明他来头不小。

我让女儿平躺在我和她的位置上，再盖上空乘小姐发的薄毛毯，这样，她会睡得踏实一些，舒服一点。然后，我站起来，在过道里放松了一下腿脚，同时思考着该怎么办。

我站着近距离观察这位中年男子，越看越觉得他像黑社会的人，块头、个头都比我强。我让他坐到里面的位置上去，他不去怎么办？如果吵起来或者打起架来，我是他的对手吗？

此时，一位空姐要从我身边经过，我给她说明了情况。那位皮肤白皙、面容姣好的空姐看了一眼旁边的中年男子，面露难色地说：“这个……我给你另想办法吧！”

看来，这家伙真是有来头的，连飞机上的空乘小姐都怕他三分。我想，空乘小姐能想出什么办法，只是推辞罢了。

怎么办，时间还长着哩，总不能一直这样下去吧？我问自己，犹豫再三，为了女儿，我横下心来，一定要坐在那个中年男子的位置上，万一吵起来、打起来再说。

于是，我鼓起勇气，轻轻拍着那男子的肩膀说：“哎，先生，醒醒——”

他像是被惊了一下，猛得取下眼罩，睁开惺忪的眼睛看着我说：“怎么了？”

“对不起，请你帮个忙！”

“什么忙？”他有点不高兴。

“我想让你坐在里面，我坐在你的位置上行不？”我笑着说。

他语气沉沉地：“你为什么要坐在我的位置上？”有点不高兴。

我用手指着挨过道前一排的位置说：“我女儿睡着了，占了我的位置，我看你旁边有空位，想坐在你这里，这样就可以照看她。”

“噢，这样。”还是低沉有力的声音。

他先把衣服和行李移到旁边的空位上，再起身往里挪东西。我赶紧说谢谢。他也没有说不用谢，脸始终平平直直。但我没有想到，事情就这么简单。

在我帮他移上网本时，我看见正开着的屏幕上显示有佛教的内容。就随口说道：“先生有佛缘呀？”

他强挤出一点笑容说：“过奖啦！”

“你的修行不浅呀，修哪一门派的佛？”

“密宗，正在习修。”原来这家伙是一位佛教徒。我放心了。

我对佛教的内容还有一点了解，于是就和他攀谈起来。接下来，一路上我们聊得很愉快，这结果，我当初可是不敢想的。

我说自己喜欢写字、画画，给别人写过佛教中的“虽随众生”、“明心见性”、“见性成佛”等，但理解得不深。

他说：“明心、见性、成佛是佛教徒修行的三个阶段，明心在前，而后见性，最后才能修成佛果。明心，就是明白自家的本心；见性，就是见到自家的本性。这个心，就是菩提心，这个性，就是佛性。能否成佛，关键在于能否悟到本心的真面目。悟到这个真面目，即使普通人也能成佛，悟不到这个道理，即使佛也变成了普通人。佛与凡夫本无差别，只在迷、悟之间。”

看来，这位男子的修行还比较深。真是人不可貌相呀。

阿弥陀佛！我们在飞机上相遇，也是随缘呀。

后来，我们还聊了点别的话题。此时，我才知道，这位男子是上海人，全家十多年前已经定居加拿大的温哥华。他在国内做文具产品，主要销往美国和加拿大市场，经常往返于国内外，是南方航空公司的金牌会员。他的大女儿已经19岁了，在温哥华上大学。小女儿3岁，在上海上幼儿园，为了不忘记国语，他准备让小女儿在国内上完小学后，再到加拿大读书。说到高兴处，还从上网本里把他们家人的照片翻出来让我看。

我随便问他移民以后的感觉怎么样。

他用一句话概括：“爱也悠悠，恨也悠悠，一言难尽呀！”

“国内的人在温哥华无论你发展到什么状况，也永远进入不了加拿大的主流社会，他们在好多地方很排斥华人。移民，对下一代来说有很多不利因素，最重要的是丢失了中国传统文化。在国外的这十几年里，我越来越觉得我国传统文化的魅力无穷，这就是我学习佛教的原因。”

我们俩在万米高空的飞机上小声交谈着，其他人在熟睡。那份惬意，让我没有一点睡意。

后来，他劝我还是睡一会儿，要不然飞机落地后很累，也不容易倒时差。

不知道什么时候我在熟睡中被人摇醒。睁开眼原来是身边的那位中年男子。他说是乘务员要我们填写入境卡。

我拿着登记卡，仔细看了上面的内容。由于是第一次去美国，有些内容我不太了解，他又帮助了我。

此时，我发现飞机外边一片亮堂。原来，飞机已经飞过了白令海峡，透过机舱的窗口，沿途看到了不同的风景。特别是在阿拉斯加，蓝铮铮的天空中堆积着不同图案的白云，层层叠叠，绵延起伏，很是漂亮，我真正体会到了什么是波涛云海。

经过了十多个小时的飞行，美国时间12点20分，飞机在西雅图机场落地。扑面而来的空气中弥漫着美国气息，但这里不是我的终点站，我还要换乘下午3点的飞机，继续飞往美国华盛顿州的斯波坎机场。

飞机落地后，过美国西雅图机场海关时，我看到从同一航班上下来的大陆居民在入境口排起了长队。

此时，女儿还在熟睡，我只好抱着她，背着双肩包在队伍中缓慢前行。在飞机上认识的那位中年男子也在我后边给我帮忙。到了入境口处，海关人员检查了我和女儿的护照以及境卡后说，还得再填写一张。由于在飞机上空乘小姐说我和女儿只需填写一张就行了。我当时不知道该咋办，总不能把女儿放在地上填写吧。

正在焦虑时，入境口旁边的一位中国女翻译解释说，美国海关人员看到我的情况，让她代替我填写有关内容，我长长地舒了一口气。

过了海关，我们坐电梯到楼下，那位中年男子帮我取了行李箱，直接把箱子送到了去斯波坎的托运处，然后又送我和女儿到了去斯波坎飞机的安检口才离去。我心怀感激地与他道别。

过安检后，我们还要乘坐城市轻轨才能到达飞往斯波坎的登机楼。由于我的英语不好，听不准在哪一站出站，害怕误了航班，心里很着急。忽然想起妻子说，在美国你不知道路，就大胆地咨询附近的人。

此时，我看见一个美国中年人和一个工作人员在楼梯的栏杆旁说话，就拿着行程单，询问他们飞往斯波坎的登机楼怎么走，那个中年人用英语对我说了两句，发现我很茫然。然后他就用手势示意带我去，我很吃惊，真是遇见了好人。

我和女儿跟着他上了轻轨，不知道坐了几站，出站后，上楼右转弯，

←我们一家人在美国华盛顿州斯波坎市的机场候机厅

经过一个候机大厅时，我看到这里有一个很大的儿童娱乐区，最后来到了2号站台。他给一位蓝眼睛、高个子、身着灰色工作服的小伙子交代了几句就要走了。我赶紧上前握着他的手，激动得不知道说什么好，只是重复了几句“thank you!”

那个小伙子热情地看了我和女儿的行程单、护照，就很快为我们办了登机牌。此时离登机时间还有40分钟。

一颗悬着的心终于落地了。

3点钟从西雅图飞往斯波坎的飞机起飞了。这是美国国内阿拉斯加航空公司的一架小飞机，一排坐4人，中间是过道。2个小时后，飞机一落地，在候机厅我看见了妻子，一家人终于在一起了……

2

怀念国外大学校园里的松鼠

美國鄉村風光之一
二零一五年六月

东华盛顿大学 (Eastern Washington University) 坐落于切尼市(Cheney)，距离华盛顿州的第二大城市波坎市有45分钟公交车程。该大学是华盛顿州六所州立大学其中之一，同时也是该州历史最悠久的公立大学之一，建校于1882年，已有一百多年历史，是一所综合性大学，现有学生一万多名。学校设置7个学院、70多个本科专业、50多个研究生专业。

切尼市位于美国西北部地区，气候相对稳定，冬天不是很冷，最低温度-6℃左右，夏天最高温度31℃左右。我们到达那里时已是5月底，有的人还

→我在美国东华盛顿大学校园

↑美国东华盛顿大学校园内景一

↓美国东华盛顿大学校园内景二

穿夹克。相比之下，在国内的一些城市已经是夏日炎炎。

在切尼市看不到高楼大厦，最高的房子也就四五层楼。该市的居民房一字排列，就形成了街道。房屋是木质材质，屋顶结构呈三角形，颜色以白色为多。每一家房子的形状基本相似，门前停放着两三辆小汽车。要辨认的话，主要靠门牌号。有的人家门上还挂着美国国旗。在清爽的微风中，国旗随风飘动，动感十足，像是给过路的行人招手。

东华盛顿大学的在校学生大约有一万多人，是该市的主要单位，很像中国陕西的杨凌市，西北农林科技大学是其核心机构。

在切尼市，大多设施和服务为东华盛顿大学而建。在该市有3条公交路线，每隔15分钟一趟。有一条线路经过校园后开往华盛顿州的第二大城市斯波坎，另外两条从市内直接开往斯波坎，整个行程45分钟。东华盛顿大学的师生每人有一张免费乘车卡，可任意乘每一辆车。

美国的大学既没有围墙和大门，也没有门卫和安保人员。城市街道和校园街道很自然地连起来。行人在街上走着走着，不经意间就进入了校园。这让习惯于找学校大门的中国学生初来时很不适应。校园里的十字路口设有红绿灯等交通标志，过往车辆都开得很小心。

漫步于校园，到处是绿茵茵的草地以及合抱粗的大树。树木以松树居多，而且也长得高大。判断一个学校的历史，仅从校园树木的大小就可知道。在树下的草地上，随处摆放着桌子和条凳，供学生学习或者休息。

我们到的时候，恰是中午放学时间。看到了不同肤色和服饰的学生。有的学生身着夏装；有的学生穿着带帽子的夹克；有的学生脚穿勾大拇指拖鞋，下身露腿，上身却穿着薄羽绒服，很个性。吃过午饭的学生，趴在草地上看书。在金灿灿的阳光下，是一种惬意的享受。

也有学生在草地上三三两两的或坐或躺，边看书边享受着日光浴。这些

→美国东华盛顿大学校园内趴在草地上看书的学生

→美国东华盛顿大学校园里在草地上看书或休息的学生

美国东华盛顿大学
校园里的松鼠

情况，在国内的校园里很少见到。

更令我吃惊的是，在校园里，随时可以看见三五成群的松鼠从树上跑下来在草地上撒欢。有的松鼠大着胆子，竟然跑到了人行道上，与行人抢道。看见有学生走近，赶紧又飞快地跑回树上。有的还一跑一停，故意与学生逗乐。但是，看不到一个学生驱赶或者恐吓它们，大家对这些小朋友十分友好。它们为学生们带来了乐趣，也丰富了校园生活内容。

东华盛顿大学的每一个学院就是一栋独立大楼，每一栋楼一般是三四层高。楼的四面都有门，出进很方便。每个大门都不显眼，也不大，甚至和有些家庭的门大小差不多。

我在Tami的带领下参观了东华盛顿大学艺术学院。Tami从事雕塑和陶瓷工艺，同时还画水彩画和油画。我在她的工作室里看到她和学生们制作的工艺品。她正在制作一些碗、杯子。我和她交流起中国书法、中国美术的一些内容。她对中国书法（Chinese Calligranphy)很感兴趣，并且很崇拜，认为它是世界上最独特的艺术。

说话间，Tami拿出一个正在制作的陶碗，请我在上面写几个字。我就在陶碗的外壁用隶书写了“幸福安康”四个字，最后，还特别写了“中国西安”四个字。因为在美国，有些人认为书法是日本人的，还有人认为是韩国人的。我用英语给她翻译之后，她很高兴，不住地赞叹和惊讶。我还对她说，日本和韩国也有书法，但它们是从中国学来的。

她一边给我展示她的工艺，一边愉快地和我交谈。我就同她讲了中国画和油画之间的区别。她听得很认真。兴趣盎然之际，又邀请我在另一只陶碗上画一幅中国画。

我欣然答应。由于没有毛笔，我就用她涂颜料的毛刷笔在碗的外壁上画了一幅水墨荷花，名曰“雨润心情畅”。她说要把英文意思写在碗壁内部。

之后，她带我参观了学生上课的教室。里面有多媒体、投影仪等多种教

在美国东华盛顿大学艺术学院Tami的工作室

学设备。学生的课桌和椅子很特别，二者巧妙地连在一起，移动也方便，每个学生一套。另外，老师的讲桌上还有学校的名字和徽标，有点儿像中国大学的国际会议室或者大讲堂。

在以后的时间里，我们外出旅游时，在斯坦福大学、华盛顿大学、哥伦比亚大学等高校的校园里，也看到了许多可爱的小松鼠。

后来，我回到国内，一直怀念国外大学校园里的松鼠。有时候做梦似的在国内大学的校园里寻找，却没有找到。

记得在2013年夏天，我到兰州市一所大学开学术研讨会。会后，该校的一位朋友陪同我参观校园。只见校园内绿草如茵，树木葱茏，很多棵松树高大挺拔。我觉得这里的环境很好。朋友对我说，岳老师，我们的校园里以前还有很多松鼠的，话语中带着自豪。

他的话激起了我的兴趣。我赶紧问，现在还能看到不。他说——

我们学校在前两年来了一位新校长，为了活跃校园气氛，就让校园管理人员买了一批松鼠，投放在校园里。刚放进去时，增添了校园风景，曾被当地媒体报道过，吸引得兰州市民前来参观。谁知道，时间不长，这些松鼠就慢慢不见了。有些人说，是被野猫吃掉了；也有人说，是被当地人抓走了。总之，一个松鼠也没有留下来。

听完这个故事，我很遗憾，知道松鼠是看不到了。但至少说明，国内大学还是希望养一些松鼠来活跃校园气氛的。

我对朋友说，在国外时，大学校园里随处可以看见松鼠在跑，它们没有被野猫吃，也没有被人抓，你们的校长可能是学国外哩。看来，中国的教育改革不容易呀，还有很长的路要走……

朋友悟出了我的话，笑着回答，是呀——

3

温馨的GROVE

He is here?
No. He is risen.
20 April 2015

在东华盛顿大学，最让我怀念的是学生公寓Grove。因为住在这里很温馨，有家的感觉。

沿着东华盛顿大学图书馆门前的一条路往东走，出了校园，是一个斜下坡路，沿途可以看到一排排市区的白色居民房。走过三个街区，穿过一条主街道马路，便走上了Cheney spangle road，向前走30多米后，过一条货运铁道，然后再向前走100多米，路边有一个学生公寓，它就是Grove。

↓美国东华盛顿大学的学生公寓Grove

↑美国东华盛顿大学学生公寓Grove的周边环境

这里住的大多是来自不同国家的留学生和访问学者。常常会看见不同肤色、不同民族和种族的人。房间的结构有的是两室一厅，有的是三室一厅。每一个房间设有独立卫生间。大家共用一个客厅，里面有冰箱、洗衣机、烘干机、沙发等。还有一个公用厨房，配备有灶台、厨具、冰箱、壁橱柜等。

Grove四周不连街区和居民房，也没有围墙，处于绿色草地和苍翠树木的环绕之中。门前的Cheney spangle road通往原始生态森林。路前面是一大片草地，一直延伸到远处的原始森林里。森林顺势从东、北、南三面蔓延，将Grove合围起来。草地里有成群的牛，它们早晚不回家，吃住都在这里。我们住在Grove的四楼，窗子正对着草地。每日清早起床后，透过窗户，看见牛群们在洒满阳光的草地上吃草，或立或卧，闲适自然。

雨水的滋润，阳光的温暖，这些牛在自然的享受中一天天长大，之后就被送到屠宰场。所以，美国的牛排、牛肉很好吃，原因是牧区无污染，这样，牛肉中所含的能量就很高。为了降低热量，美国人爱喝冷饮，即使在寒冷的冬天，喝水还加冰块。

Grove的整体布局近似长方形，但四个角没有连起来。公寓四周的每栋楼高四层。楼中间是一块草地，草地上有一个沙滩排球场、一个篮球场、一个室外游泳池。公寓的外部四周也被青草地簇拥着，环绕青草地的是停车场，停车场上画有停车线，线内停放着不同颜色和款式的小轿车，这些汽车是学生的 。

↑美国东华盛顿大学学生公寓Grove楼下的停车场

另外，停车场上还画有残疾人的专用停车线。我不止一次地注意到，不管有没有车位，残疾人的停车线内从来没有被别的车辆占用过。后来，我才知道，美国法律规定，占用残疾人停车道是违法行为，还要被处以很重的罚款。

在Grove内，有两处地方学生们常去，也是我们回忆和留恋的地方，一个是公寓楼中间的露天游泳池，一个是Grove公寓的活动中心。

先说公寓楼中间的露天游泳池。游泳池的水域面积有七八十平方米，不是很大。水池中设有排球网和篮球架。这个露天游泳池不是为了游泳，主要是开展水中的运动项目和娱乐。

↑美国东华盛顿大学学生公寓Grove内的露天游泳池

水池旁边摆放着一排红色的休息折叠椅。

夏天的周末，这里是学生们最爱的活动场所。经过了一周的紧张学习，在这里放松是再好不过的了。在公寓里，常常能听见学生们在游泳池里的欢愉之声穿过窗子飞进来。

在水中运动完之后，穿着泳装的男女同学躺在软绵绵的休息椅上，一边享受着阳光浴，一边聊天，一边看书，或做游戏，那是何等的惬意和享受。

蓝天白云的映衬、绿色草地的簇拥、蓝绿色池水的映照，再加上身着泳装的美女俊男，便形成了Grove中一道亮丽的风景，也是Grove中一幅最优美的油画。

再说Grove公寓的管理中心。它有点像中国的物业管理中心，或者是社区活动中心。我觉得二者兼而有之，当地叫Club。

Club位于近似长方形建筑布局的西南角，面积约有500多平方米，也是学生进去的必经之地，设在这里可方便学生们参加。这里每天都有一两名工作人员，看到你进门，总是热情地问好。进门后便是服务台，上面放着东华盛顿大学的校报和一些广告宣传单，可以随意拿取。服务台旁边有一个牌子，上面用英语写的意思是，欢迎不同语言、民族的朋友，走进这里都是平等的。往里走就是大厅，一圈花布沙发围着一张大茶几。大厅左边是一间80多平米的阅览室，墙上挂着几幅油画。墙角有一排书架、旁边配有两台电脑，可随时上网、打印。紧挨着阅览室有一个健身屋，里面有四台跑步机、一个练功袋和其他运动器材。

在大厅右边有一个小吧台，上面摆放着几种甜点、咖啡、果汁和饮料，免费供学生们用。紧挨着吧台的是一个聊天室，放几张桌子和椅子，装饰得比较考究。穿过聊天室的一道门，便进了另一间屋子，里面摆着一个乒乓球案、一个台球案、一个滚球案、一个围棋桌。墙角周围还有休息椅。

Club不仅仅是大家健身休闲的场所，同时在周末还举办各种活动，活动中为大家准备啤酒、饮料和各种甜点，并发送T恤衫、优盘等纪念品。在活动中，你还可以认识一些外国朋友。对中国学生来说，这是提高英语口语水平的大好时机。在活动举办前的三四天，一张彩色印刷、设计精美的海报就插在每个房间的门缝里。

Club是一个公共活动场所。在这里，你可以和不同种族的人交朋友、聊天，你也可以获得一些信息。

有一次，我们见到一个中东地区阿拉伯民族的姑娘，她用一条淡粉色头巾裹着头，只留一张棕黑的脸和一对棕色的大眼睛，身材苗条，个子高于1.7米。她正在同一个美国学生学英语。在交谈中，她说中东国家对本国大学生到国外留学的资助非常高。我问她毕业之后有什么打算，她说留学之后，不打算回国，准备在美国找一个男朋友，嫁给他，这样就可以成为美国人了。我问她现在找到了没有，她说没有，正在努力。我祝愿她心想事成，她很高兴地说thank you very much。

6月份，我在Club碰到一个美国女大学生，她前几天刚毕业 。这个学生的个子只有1.6米多，身材较胖，特别是她的大腿很粗，一直粗到臀部和腰

美国东华盛顿大学学生公寓Grove内的活动中心

部，走起路来很不灵便。还穿着鼻环，白种人脸色，但头发是黑色的直发，有点不像是纯血统的美国人。在美国，无论是在校园还是在大街上，常常看到一些年轻人纹身、穿鼻环、耳环、唇环，可能是一种时尚吧。

这个美国学生，脸上不再是前几周我看见时的忧郁，而是很阳光。她高兴地告诉我，自己终于找了一份工作。我问她是什么工作，她说是在东华盛顿大学的会议室做全职清洁工，月工资1500美元。她还说，美国这几年经济不景气，工作不好找。她对这份工作还比较满意。这些工资，足够她每月的生活费、汽油费及其他，节俭的话，还有一点儿剩余。

我听了之后，很吃惊。在中国，大学生毕业后谁乐意去做清洁工呢？我了解到，美国一些大学生常利用课余时间做兼职清洁工、饭店服务人员。真没想到有大学生毕业之后，真正从事了这样的工作。

4

东华盛顿大学图书馆的石雕像之谜

My
God

在国内时，早就听说美国大学的图书馆是对外开放的，但不知道是一种怎样的开放形式。2012年5月，我到东华盛顿大学后决定到该校的图书馆去看看。

在一个阳光明媚的上午，我来到了东华盛顿大学的图书馆。这个学校只有一个图书馆，不是很大，总共有三层楼，掩映在一片绿树的环绕中。拾级而上，走进大门后，两侧角落里的几尊石雕塑像引起了我的注意。但因急于

↑美国东华盛顿大学的图书馆

参观里面的图书及设施，我没有走近它们。

与国内大学的图书馆相比较，我认为东华盛顿大学的图书馆可以用一个句话来形容，那就是一切为了读者的方便。

每一层的阅览室都设有学生讨论问题的区域（Zone），还有老师为学生解答问题的专用Room。里面的电脑随时可以上网，不用付费。学生也可自带笔记本电脑。另外，图书管理还配备有打印机、复印机、扫描仪、照相机等器材，供学生免费借用。

如果你找的书图书馆里没有，就在借阅处登记一下，两三天以后，图书馆工作人员会从别的地方给你调配。书到了之后，工作人员会通知你。若是调配不到，也会给你发一封电子邮件说明原因。

另外，在进大门左侧的角落里设有一个咖啡吧，不是很大，和外边街上的摆设一样，有沙发、茶几、台吧椅等，卖各种饮料、面包、热狗、汉堡包之类。这样，学生一整天可以泡在图书馆里学习，不必担心吃饭的事。

在图书馆三楼中间有一处长方形的悬空走廊，站在这里，可以看到二楼、一楼的情况。在这里，我激动了。

长方形走廊有一排柱子，柱子旁边插着许多国家的国旗。问了图书管理员才知道，凡是到这个学校留学的学生，他们国家的国旗就会被摆放在这里，我数了一下，总共有70多个国家的国旗。我很快找到了红色为底，印有五颗星星，其中四颗小、一颗大的中国国旗，轻轻地抚摸着她，心情很激动。她，是所有中国人在国外的精神依托，也是中国人在国外的根。

东华盛顿大学图书馆不仅对本校学生开放，还对校外人士开放，也对外国游客开放。进门时没有检测仪器，到任何一个阅览室，你可以自行进去，没有人盘询，也不用看证件。

我询问二楼一个女性工作人员，如果不是该校的学生，能否在图书馆借书。她说，只要填写一张登记表就可以了，办理登记手续及借书也没有任何

→美国东华盛顿大学图书馆里的中国国旗

费用。我进一步问道，如果是外国游客，可以借阅不？她说，也可以，只要在切尼市有一个固定的通信住址和联系方式，带上护照或者驾照就可以来办理借阅手续。之后，她给我一张黄颜色登记表，让我回家填了之后，交到借阅处就可以借书了。

我听了之后，真有点难以相信。记得2008——2011年期间，我在国内做博士论文时，为了查找一些研究资料，真是吃了不少苦头。有一次我到西安其他高校的图书馆去查阅资料时，在进门的通道处，就被工作人员挡住了。我拿出了自己所在学校的相关证件及介绍信，一再给他说明情况。但他坚决地说，我们学校的图书馆是不对外开放的。我很无奈，只好委托该校的一位熟人给我借了几本书。

后来，我看到《西安晚报》发表了一篇记者写的文章，讨论大学的图书馆是否可以对社会开放的话题，对此，记者还采访了几个大学图书馆的馆长，结论是不能对社会开放，包括校际之间也不能，原因是难以管理。

中国大学的图书馆不能对外开放，我认为不仅仅是对读者难以管理的问题，主要原因还涉及读者的信用问题。在中国，如果读者借书不还，或者丢失不赔偿，图书馆是没有办法的。而在美国，如果发生这种情况，一个人的信用状况就出现了问题，以后要办理其他业务就比较麻烦。

我在一楼参观时，还看见三位中年女士（不知道是妈妈还是幼儿园的老师）领了七个大约四五岁的小孩子来到图书馆。有个小孩边走边试图对大人说话，一位妈妈立刻“嘘”的示意要低声。其他孩子们也安安静静地跟随着她们往前走，因为在图书馆阅览区的书架上，有很多儿童读物，他们要到那里去看书。这也是国外从小培养孩子阅读习惯的一种方式。在国内几乎不可能让小孩进入学校的图书馆。

参观完图书馆，要出门时，我还是没有忘记引起我注意的那几尊石雕像，这可能与自己的专业有关系吧。我走近它们，近距离地仔细观察起来。大门左侧角落的三尊石雕像是中国民间的福、禄、寿，右侧的一尊石雕像是观世音菩萨。

由于在雕像旁边没有注释与说明，我就到前台图书借阅处询问一个年龄比较大、戴着眼镜的女管理员，问她这几尊石雕像是从哪里来的。结果，她

→美国东华盛顿大学图书馆的观世音菩萨雕像

↑美国东华盛顿大学图书馆的福、禄、寿雕像

的回答让我很吃惊，心里很不高兴。

她说可能是从韩国来的。我再问她，这些雕像是什么意思。她说，我也不知道。我告诉她，这些雕像代表中国民间的福、禄、寿，怎么能是韩国的呢？她说，你要了解具体情况，到楼下的文献处，有个人专门管理具体资料。

我就去了，其他工作人员告诉我，这位管理人员两周以后才能回到图书馆。于是我很失望，怀着闷闷不乐的心情离开了。回到住处GROVE，见到几个外国学生，我问他们是否知道图书馆里面的几尊石雕像，有的说知道，有的说不知道。问知道的学生，那几尊雕像是哪个国家的，有的说是日本的，有的说是韩国的。只有一个学生说好像是中国的吧，但不能确定。

听到这些答案，我心里很不是滋味。

周末在一次私人家庭聚会上，见到两个在东华盛顿大学留学的中国学生，一个是大三的男生，来自西安某高校，一个是快要毕业的女生，来自南京一所大学。期间，我问他们同样的问题。戴眼镜的男生说，哪里有什么石雕像呀，我咋没有注意到。女生说，我注意到了，觉得那是中国的，但不知道是什么意思。聚会期间还有几个中国的访问学者，他们也没有给出我满意的答案。

聚会本是件很愉快的事情，而我的心情很复杂。也许是我的要求高了点，也许是我太苛刻了——干嘛要用自己了解的知识来考别人呢？

于是，东华盛顿大学图书馆里面的几尊石雕像成了我的心病，我时刻挂念着它们。我也一直期盼着文献处的管理员赶紧回来，要证实自己的观点，甚至要给他说明，如果说那几尊石雕像是韩国来的，肯定是错误的。

两周以后，听说文献处的工作人员回来了，我第二天就赶过去。那个工作人员的英文名字叫CarolS.King，当我说明来意后，她热情地接待了我。

我对她说，图书馆进大门两侧角落的石雕像是中国的，我问了一些人，他们有的说是韩国的，有的说不知道。她听了之后，带着肯定的语气说是中国的。她说旁边有说明，不会搞错的。我说没有，她就和我一块儿去验证。

结果，她只好抱歉地对我说，由于石雕像以前是放在地下一层，搬上来时间不长，不知道是什么原因，说明没有补上。另外，有的学生触摸雕像，破坏很大，他们正在寻找保护的办法。她还一再强调，说明很快会补上的。

我想这是后话，因为我不可能在东华盛顿大学待很长时间，不可能一直到看见石雕像的说明补上再离开。

我又进一步问道，这些石雕像是从哪里来的，她说是一个叫Dr.Phllip Grub教授从中国买来，在他去世之前捐赠给了图书馆。

最后我还和她交谈了该校图书馆关于中国艺术品和中国艺术书籍的收藏

情况。她说收藏的不是很多。于是我就为该馆捐赠了自己的书画作品集。她非常高兴，还问我能否捐献几幅书画作品，我说这只能等回国以后画好了，再寄给他们。

东华盛顿大学图书馆里的石雕像终于有了结果。我的心里得到了些许安慰。但一些想法始终萦绕在我心头，我又胡思乱想了，明明是中国的艺术品，竟然说成是韩国的，为什么中国的留学生、访问学者，没有一个人去纠正这个错误。

曾记得，民国时期的一大批文化人士，像陈寅恪、蒋梦麟、梅贻琦、梁思成、钱钟书、吴宓、徐志摩、胡适等，他们在国外留学时期，并没有丢掉中国的传统文化，而是把中西文化结合起来，用西学来推动中国文化的发展，当时一些留学的理工科学生也是如此。

↑与东华盛顿大学图书馆的管理人员CarolS.King合影，并赠送自己的画册

而今，中国学生到国外留学时，对中国最基本的传统文化掌握了多少呢？几年留学生活后，中国基本的文化丢掉了，对国外的文化也是一知半解，成了洋不洋、中不中的人，这类留学生不知道有多少。

是的，到国外留学，我们得到什么，又丢掉了什么。中国学生到国外留学，真正的目的是什么，有多少人发自内心地反思过？

这些问题，谜一样的萦绕在我心头，挥之不去……

5

女儿在美国上幼儿园

在东华盛顿大学经过一周时间的休息和调整，我们渐渐地倒过了时差，又用几天时间熟悉了周围环境。之后，妻子决定让女儿上该地的幼儿园。

在我们到达美国之前，妻子已经和这所幼儿园联系好了。在一个星期一的上午，我们带着女儿去上幼儿园。当女儿听说要去和美国的小朋友一块儿玩时，她非常高兴。我们居住的地方距离社区的幼儿园有两站多路，也没有公交车经过，我们三人就一路说笑着走过去。

这是一所公立的社区幼儿园，坐落在切尼市消防队旁边，规模不是很大，只有一层楼，教室及办公人员都在其中。工作人员除去幼儿园的管理人员之外，还有社区的其他工作者，而幼儿园的教师只有一位叫Susa的女老师。有时候还有一名志愿者帮忙，她是东华盛顿大学幼儿教育专业的大学生。

接待我们的是一位蓝色大眼睛的中年女士，金黄色的头发刚到肩膀。她看了女儿和妻子的护照后，让我们填写了入学表。里面的主要内容有孩子的姓名、年龄、国籍、现在的住址、电话、通信邮箱等内容。在美国，办理会员、入学等手续，必须填写你的通信住址，有了这些信息，就表明你在美国有固定住址。同时，他们会经常给你邮寄一些相关资料，比如广告、会员卡、信函等。

美国幼儿教育大部分收费。女儿每一次课的费用是13美元，我们算了一下，折合人民币比在国内上幼儿园之前的亲子班还便宜一点儿，就决定先给女儿交一个月的费用，看看她的适应情况。

这个社区的幼儿园全班有8个小孩，加上我女儿共9个。学生每天来不全，真正到校的就七八个，每天9点到校，11点半放学，下午不上学。

当天早上算上我女儿有8个学生，其中5个女孩、3个男孩。我们把手续办完之后，走进了教室，Susa老师向别的小孩子介绍了女儿。教室里有两张矮桌子，四周的条凳连在一起，形成圆弧形。有的孩子在做手工，有的孩子在地上堆积木，孩子们根据自己的爱好与想象，将积木组合成汽车、道路、桥梁……各种形状。对面的墙上贴着一张孩子们的生活照，还有26个英语字母表等。

妻子要去上课，因女儿有语言障碍，我决定留下来陪伴她，这使我有机

↓女儿在美国切尼市社区上幼儿园

会目睹美国幼儿园的教学环节。

孩子们一到教室，先找各自喜欢的玩具玩。他们的行为，不像国内幼儿园必须要经过老师的同意或者命令才可以去做，而是根据自己的兴趣来做。20分钟后，Susa老师把同学们分成两组，每4个同学坐一个桌子。她先教第一组的孩子用一根细线穿珠子。桌子上的一个塑料盒里放着不同颜色的珠子，取出来用线串在一起，就可以做成不同形状。Susa老师先给大家做了一个示范后，就让孩子们自己去做。然后她来到第二组，给每个孩子发一张白纸和一只盛有液体颜料的纸杯，她先用吸管将颜料吹成泡沫状后，将泡沫涂到纸上，组成不同颜色的图案。之后，孩子们就自己试着做。串珠子的孩子完成手工后，就来做吹泡泡图案的游戏。而吹泡泡的孩子去串珠子。孩子们做成什么形状，Susa老师从不干涉，而总是给他们鼓励和赞扬。

10点时，Susa老师让孩子们排队，到教室墙角的水龙头旁洗手。洗完手，每人用纸杯接半杯水放在桌子上，然后她给每位同学发了一盒早餐饼，让他们边吃边喝。这里说明一下，美国很多地方的自来水，就是直接饮用水，很少喝热水，孩子们从小也是这样。

吃完早餐后，Susa老师让大家排队走出教室到走廊去，男女孩上各自的卫生间。这里的卫生间男女分开，不像国内幼儿园的卫生间不分男女，是公

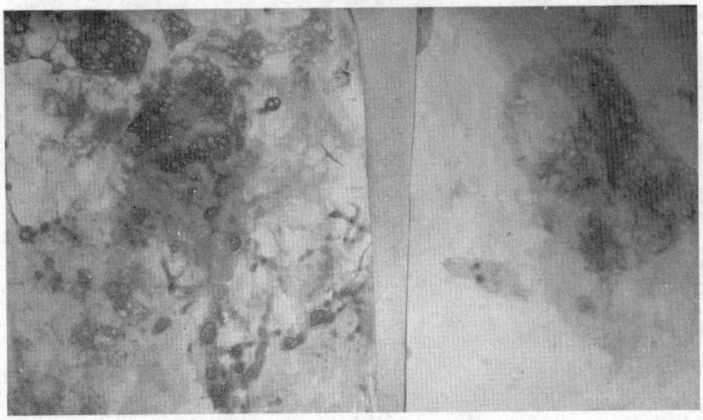

→孩子们在课堂上的泡沫画

↑老师领着孩子们出去玩耍

↑孩子们在爬假山

↑孩子们在上课，学英语字母

用的。孩子们出来后，老师教孩子们如何用洗手液、如何搓手。之后就领着他们到教室外面的草地上玩耍。那里有孩子们喜欢的滑滑梯、假山等。

Susa老师看着孩子玩了40多分钟后，再把他们带回教室，开始上课。老师坐在教室的垫子上，有的孩子围着她坐，有的孩子躺着，还做一些小动作，老师也不干涉。

这节课给孩子们教的是英语字母中A、B、C、D四个字母。她先让一个男孩对同学们说今天是星期几。之后，她拿出一个印有A字母的卡片，给同学们教发音，然后让大家举例说出以A字母开头的单词，别的字母也是以这种方式教的。孩子们说出一个，她就拿一个图片给他们看。如果没有图片，她会做动作比试。对每个孩子的回答，她还是给以鼓励和赞扬。在这轻松愉快的气氛中，孩子们学会了英语字母，也记住了一些单词。

11：20英语课结束了。Susa老师打开窗台上的录音机，放了一首悠扬的英文歌曲，教室里一下子飘荡着愉快的音乐声。她和孩子们伴着节拍跳起来。不像国内一些幼儿园，快放学时让孩子们看电视。音乐结束之后，家长们就进来接孩子回家。只有一个孩子是由奶奶接走的，其余都是由爸爸或者妈妈接走。离开时，老师让孩子们带上自己做的串珠和泡沫画。

在后来几天中，我还是陪着女儿上课。通过和Susa老师交谈，我了解到，这里没有统一的教材，不布置家庭作业，也不强迫学生买书和其他课外读物。老师根据学生的程度和兴趣自主选择教学内容。因此，教师只有了解每个孩子的精神世界，才能选择好的教学内容。看来，只有从心出发，才能达到心的深处。

另外，孩子们每天做手工用的材料，都是老师提前准备好，不用孩子们从家里带，也不收费用。回想起女儿在国内上的幼儿园，每学期的书费就300多块，每次做手工的材料，学校要求家长给孩子准备。记得有一次，学校给家长通知，要求孩子第二天带两个细长颈的咖啡塑料瓶。吃过晚饭，我到楼下的超市去买两瓶液体咖啡，只有把它喝了才有瓶子。结果，营业员告诉我，这种咖啡已经卖光了。还有，开学初，老师给每个孩子布置任务，要求孩子第二天上学时，带一盆花，说是要装饰教室用，同时给他们教一些花草知识。后来，这些花摆在教室外边的窗台上，很是好看。最终的结果是，这些花在学期末就不知道去向了，可能是无人管理，死后被卫生管理人员扔了。

美国教室外边的窗台上，不像国内幼儿园挂着孩子们的作业本及图画。国内的幼儿园这样做，不知道是应付检查，还是做秀让家长看。另外，国内的美术课不像这里天天都有。再看国内孩子们涂抹的画，每个孩子画的颜色、形状基本上一样，可能老师给帮了不少忙吧。而美国孩子的图画，形状和颜色很少相同。

第一天，女儿还比较高兴。第二天我把她送去时，她还是需要我陪他。我注意到了，由于语言不同，女儿和别的孩子交流存在一定障碍。我从她的眼中看出了她的心思。所以，我又陪伴了她一个上午。第三天，经过反复安慰，她勉强同意我离开。其实，我并没有走远。就在附近的街上走走看看。当11:30我去接她时，Susa老师告诉我，女儿哭了。说是想妈妈，要爸爸。

在我们回住处的路上，女儿一脸的不高兴。她还说什么讨厌英语。我知道，她心里很着急，看到别的小朋友和老师交流得很愉快，她很羡慕。第四天，女儿说什么也不愿意去上学了，她说喜欢和我在外边玩，直到我答应陪她上学并给她做翻译她才勉强同意。在国内，女儿平时很活泼，她喜欢和小朋友交流、玩耍，课堂上的表现也很积极。而在美国，老师讲的内容她听不懂，能不着急吗？

就这样，女儿勉勉强强地上了一周时间的幼儿园就终止了。我们向管理人员说明情况后，她主动给我们退还了剩余学费，但要用现金支票邮寄到我们住处的邮箱里。这就是在开始她让我们留下通信地址的原因。在美国，一般情况下，人们很少用现金支付，多用信用卡和支票。

之后，我们就带着女儿去旅游。一个月以后，我们又回到了切尼市。下午3点飞机到达斯波坎机场后，妻子的朋友Tami已经在等我们。之后，她带我们到切尼市附近的一家教会去，这里有一所教会学校（Church School）。当时正值暑假，学校里面有好多小朋友。Tami自愿在这里给大家做饭。

以前，妻子和Tami在星期天曾到这里参加过几次教会活动，也认识这里的一些人。我和女儿是第一次上教会学校，高兴得忘记了旅途的疲劳。

Cheney Seventh-Day Adventist Church 坐落在切尼市附近的一所乡村，有一条公路从教堂附近经过，附近村民开车到这里聚会很方便。教堂的建筑是一栋简单平房，房子中间是过道，两边各有6个大教室，地上铺着塑料垫子。房子周围是一片绿色的草地，草地周围是一片不很茂密的松树林。一切显得幽静和别致，一种神圣的感觉油然而生。

我们到达时，别的教友还没有来，Tami在厨房里做披萨，妻子给她帮忙，我就带着小孩儿在附近玩。教会学校旁边的树林里是孩子们的娱乐场所，有荡秋千的绳索、半圆形的滑梯子等。女儿看到后，高兴地跑过去，坐

↓切尼市附近的教会学校

↓教会学校外树林里的秋千

在上面荡起来。

在美国的这段时间里，我注意到，在车站、轮渡、机场的候车厅等一些公共场所，都有孩子们的娱乐场所和设施。这样，在旅途中孩子们就不会感到寂寞和无聊，无论在哪里，他们总会找到自己的乐趣和精神家园。

还不到下午5点，汽车声、孩子们的叽喳声就在树林里响起来，附近村庄的教友们来了。他们开着车，载着孩子们，有的全家都参加。孩子们里面最大的已经上初中了，最小的只有两岁多。他们已经很熟悉了，相互友好地问候。妻子把我和女儿介绍给他们，他们很愉快地和我们打招呼。

我发现这些人来时，有的带着一个大西瓜，有的带着做好的肉，有的带着蔬菜，进门之后就主动放到厨房里。

此时，Tami已经把披萨烤熟了，放在一张桌子上，旁边还放着奶油、色拉等配料以及一次性的塑料盘子、刀叉等用具。小孩、大人各自拿起一只塑料盘，切一块披萨吃起来，然后再吃水果。吃完后，孩子们都自动把果皮、塑料盒扔到厨房旁边的垃圾桶里。

之后，就开始上课。牧师和一些村民穿上仿照圣经故事里人物的服装走进教室。在教室的地面上，铺了两大块灰色的布，孩子们脱掉鞋子，分组坐在布上。我数了一下，共11个孩子。大人们也席地盘腿坐于孩子们的周围，老人坐在墙边的椅子上。

教会的牧师大约40多岁，皮肤净白，深蓝的眼睛满含慈善。他站在前面向大家讲授《圣经》的内容。20多分钟后，开始播放与圣经有关的歌。教室里有多媒体，大家看着屏幕上的画面和字幕，模仿着里面的动作，手拉手，高兴地唱着、跳着。然后，牧师再讲授内容，还会让孩子或者大人回答问题，过一会儿，再唱歌。在这种氛围里，学习知识没有一点儿压力，是何等快乐！

圣经课结束后，家长和孩子们做购物游戏。一个男家长给每个孩子5枚铜

→教会学校的牧师在上课

黄色的假币，让他们到别的房间去买东西。在别的几个房间里，村民们在地上摆放着各自带来的小玩具。孩子们从这个房间到另一个房间寻找自己喜欢的玩具。他们蹲在摊位前和大人们几番讨价还价后，就可以买到一只或者两只小玩具。通过这种游戏，培养孩子们对钱的认识以及购物能力。

整个教学活动在下午7：30就结束了。大家兴奋地相互再见，开着车离开了。我们乘着Tami的车子，向住处Grove公寓出发。回来的路上，我们问女儿，上学高兴不，她说很开心。问她明天还去不，她说去。

第二天下午，我们坐着Tami的车，又到Church School上学去了。孩子们先在外边的滑滑梯上玩。女儿在这里还认识了几个新朋友。之后大家去吃晚餐，饭后还是一起上圣经课，内容主要是重复昨天教的圣经知识和歌曲。

圣经课结束后，有一个头发花白的老太太把孩子们带到另一个房间，教孩子们如何涂颜料、如何画水彩画。按照以前上课时的分组，她让孩子们坐到桌子前，每个孩子的面前放一个颜料盘，里面放着各色颜料。

接下来的课是玩射程游戏。只见一个穿白色长袍礼服、白色裤子的年轻

孩子们在教会学校溜滑滑梯

→孩子们在教会学校上色彩课

小伙子和妻子把孩子们带到教堂外边的草地上，教孩子玩射程游戏。其他家长一起做配合。他把一条青绿色的塑料长绳放在草地上，作为平行基准线，沿线一排放着六块木板，板子下垫一块厚木块，木板子一头放着一个白色小球，两个孩子一组。孩子们用脚把板子翘起的那端使劲一踩，小球就飞向了远方。谁的小球飞得远，谁就是获胜者。这是一种快乐的学习方式，孩子们也在快乐中渐渐长大。

由于我们在7月15日要回中国，很可惜，女儿只在教会学校上了三天学。这三天里，我也学了不少知识。我了解到美国教会学校的老师都是志愿者，他们中有大学老师、大学生、技师等不同行业人士。每个人根据自己的特长，教孩子们游戏或者其他知识。教会所需经费和其他日用品，均来自教友

↓孩子们在教会学校外的草地上玩射程游戏

捐赠。教会的日常工作及教学由牧师负责。

后来，我了解到，美国小学生在学校里接受的是国民教育，假期在家里接受的是教会学校的教育。在这种双重教育体系培养下，学生的思维是多重的，个性是开放的，从中学到的技能和知识也比较全面。相比之下，中国学生从小接受的是一元教育。在校期间孩子们接受的国民教育，假期更加繁忙，接受的仍是国民教育的延伸，他们要上奥数、英语等各类培训班、提高班……目的是为了让孩子考高分。因为分数决定着孩子们的命运，决定着孩子们未来能否上好学校，只有上了好学校，才有可能找到好工作。结果，孩子们的睡眠严重不足，觉得上学很辛苦，也很痛苦，甚至产生厌学情绪。

我真不知道，我国教育的目的是追求学生的技能和素质，还是追求学生的成绩呢？

请上帝告诉我！

6 树殇

↑卡普兰奴吊桥的创始人（George Grant Mackay）

到加拿大旅游的人，大多要去北温卡普兰奴吊桥公园 (Capilano Suspension Bridge)。顾名思义，该公园的出名，就是因为里面有一条步行吊桥，它是当今世界上最长最高的步行吊桥，全长约450呎（137公尺），距离桥底下的卡普兰奴河约230呎高（80米），因而成为温哥华的地标性景点和最古旧的旅游胜地，每年吸引着世界各地的无数游客来此地。

卡普兰奴吊桥最早建于1889年，横跨在北温的卡普兰奴河谷上，当时，来自苏格兰的工程师兼地产商麦凯（George Grant Mackay）购置了北温卡普兰奴河两岸的六千亩土地，并在当地原住居民 August Jack 和 Willie Khahtsahlano 的帮助下，用麻绞索和厚木板兴建了这座吊桥，沟通了河谷两岸。他还在吊桥山谷的悬崖边造起了一座小木屋。麦凯一些喜好冒险的朋友经常来参观这座罕见的吊桥，并在小木屋中过夜。他们也为这座吊桥的宣传推广起了很大作用。随着到访游客的增多，吊桥的名气也越来越大。

麦凯去世后，这座吊桥几易其主，桥身使用的麻绳索也在1903年替换成钢索。1935年，当时的主人Mac MacEachran邀请原住居民艺术家，在吊桥附近设置了代表原住居民文化的图腾柱。1956年，新一任主人Rae Mitchell再次对吊桥进行了重建，形成了今天的模样。

卡普兰奴吊桥当年曾被原住居民称为“笑桥”（laughing bridge），因为当风掠过山谷时，吊桥在风中摇摆的声音颇似人的笑声。现在有人称其为“哭桥”，原因在于那是一种猎奇与冒险的考验。

在树林的呼啸声中，游人走上晃晃悠悠的吊桥，脚下颤巍巍地，胆小的人吓得不敢迈步，只能扶着两边的钢索缓慢前行。再一看脚下，汹涌的河流哗哗地响不停，顿时觉得自己整个身子悬空了，吓得不时发出恐惧的尖叫，再配以空中鸟儿飞过的声音，让游人感到了大自然的奇妙

←卡普兰奴吊桥

→卡普兰奴吊桥公园“树上游”

和快乐。

游人小心翼翼地过了卡普兰奴吊桥后，紧接着是卡普兰奴最著名的“树上游”，就是用绳索把几颗大树连接起来，绳索下面铺着木板，形成了曲曲折折的空中走廊。这样，游人可以从一棵树走到另一棵树上，好像猴子在攀援一样，更加亲近大树；同时也感觉自己仿佛长高了许多，心胸变得更加开阔了。

卡普兰奴吊桥公园内满布高大的橡树、柏树、雪松和许多叫不上名字的树木。树龄高达百年以上者甚多。游人从树上下来，走到一处池塘边，一棵

↑卡普兰奴吊桥公园拥有1300年树龄的参天大树

雪松引起了游客的兴趣，大家围着它看，不停地拍相。这棵树已经有1300年的树龄，树高63米，树围6.1米。粗壮的树干，直直地伸入天空，一眼望不到顶，这次，我真正体会到了什么是参天大树。

我紧紧地抱住这棵大树不愿松手，希望从中获取成长的力量，汲取生命的源泉。同时，这棵大树也把我的思想引向远方。

记得2009年夏天我到陕西白水县仓颉庙去调研时，看到仓颉庙前殿的大檩，当时我非常吃惊。这条大檩长16米、直径0.56米，上下粗细相同，据说为蒿木，世所罕见。这说明，当时陕西关中地区也应该有许多高大、挺拔的树木。但是，这些树现在看不到了。可能它们在成长过程中被伐下来盖房子了，而房子呢，在战争中烧了、毁了。所以，现在要找一棵挺直的参天大树真是一件很不容易的事情。

在20世纪90年代，我家乡陕西商洛的村子有几百亩槐树林，一到春天，一树树雪白雪白的洋槐花开了，芳香弥漫了整个村庄，香气直穿入心肺。槐树林里有一间瓦房，里面住着一个孤寡老人，义务看管着树林，大家叫他老郭。老郭养了两只狗，一黑一白，平时只要一听到狗叫，他就赶快从屋子跑出来，若看见有人在树林里放牧或者砍树，就会带着狗追上去，把来人赶跑了。于是，这片槐树林在老郭的看管下越长越大，树木也一年年变粗。

有一次，村长想砍一棵树，说是给他家盖房子用。老郭说，除非叫我死了你再砍。从此，再也没有人打砍树的主意了。有人问老郭，你把树咋看得比你的命都重要呢？老郭说，这林子里的好多树是我手把手栽的，整日看着它们长大，就像我娃一样。有些树比我还年长，砍了心痛呀，它们长得越大，以后的用处就越大。

几年后，老郭年纪大了，跑不动了，还得了病，村里人要把他搬出去治疗，他不同意。不长时间，老郭就在一个阴雨连绵的日子死去了，当时，身边只有那两只忠实的狗在陪伴他。

从此，再也找不到义务看管林子的人了。于是，有人在槐树林里放牧，有人偷偷地砍树。后来，村长领着几个村民，拿着电锯，几天时间就把整个槐树林的树伐光了。砍倒的树木被截成几段，整整齐齐堆起来，有几人高。后来卖给了煤矿。当时白花花的树茬子裸露在大地上，让人看着心寒。

有一天早上，人们发现老郭的两只狗卧在树茬子旁死了。有人说，那两只狗看见有人伐树，就扑上去咬，是被人打死的；也有人说狗没了主人，是被饿死的。总之，老郭死了，他的狗也死了。

从此以后，乡亲们再也闻不到家乡洋槐花的香味了。这种味道，只能在梦里，在遥远的记忆里……

于是，我对树有了一种更加特别的感情。我在西安的一所高校就职，公寓楼前有一个小广场，广场的西南角有两棵树，一棵大的，一个小的，小的有碗粗。我也不知道它们叫什么名字，属于什么树种，但它们的树冠都比较大，树枝延伸得很长，形成的树荫就像大伞一样，成了大家夏天乘凉的好去处。自我搬来的第一天起，我就喜欢上了它们，有事没事就爱坐在树下的石凳上静静地想心事。

到了冬天，树木落光了叶子，枝条光秃了。有一天，我透过窗子看见家属院几个放学的男孩子爬上那棵小树玩耍，还唱着摇呀摇摇到外婆桥的歌。有个孩子的爸爸妈妈在树下不时叮嘱孩子们要注意安全，小心掉下来。夫妇俩一点儿也没有阻止孩子们的行为。我实在看不下去，就跑到楼下给他们讲，冬天树木在冬眠，不能摇，这样会把它摇死的。孩子的妈妈说我多管闲事。于是，小树在孩子们的眼里就成了空中的小船，放学后他们就去快乐地摇呀摇。

来年春天，大树发芽了，小树仍在冬眠。它枯萎了，终于死了。在大树开花的日子，来了几个工人，把可怜的小树砍了，运走了。到了夏天，家属院的人们争着到树下乘凉，我听到有个老太太对别人说，这儿原先还有一棵树哩，后来死了，要不然阴凉地方就更多了。

后来，再也没有人记起广场西南角的那棵小树，不知是大家早已把它忘了，还是习惯了。

2012年5月底，我到加拿大的维多利亚旅游，在国会大厦门前的草地上看见一棵大松树，它不但长得高大，而且树冠大如盖，一直扑到地上。草地上有很多孩子在玩耍，也有游人和大树照相，但没有一个孩子爬到大树上，也没有一个人去触摸它，大家都害怕伤着它，让它继续成长，因而这棵大树成了国会大厦门前的一道风景。

我仔细观察后发现，大树身上系着一个牌子，上面用英文写着法律禁止爬树之类的话。

当我对树的思绪还在驰骋时，前面不远处吊桥上游人的欢呼声、惊讶声，打断了我的思绪，把我拉回到了现实中。

游园快要结束了，我们还得从吊桥的这边回到对岸才能出园。再次过吊

→加拿大维多利亚国会大厦前的树冠

→加拿大维多利亚国会大厦前树身上挂的禁止爬树令

桥时，我感觉不到它是“笑桥”，而是真正的“哭桥”。

因为看到了这些大树后，我为家乡的洋槐树哭泣，也为我住所公寓楼前广场西南角的那棵小树哭泣，也为其他死去的树哭泣……

7

一路有好人

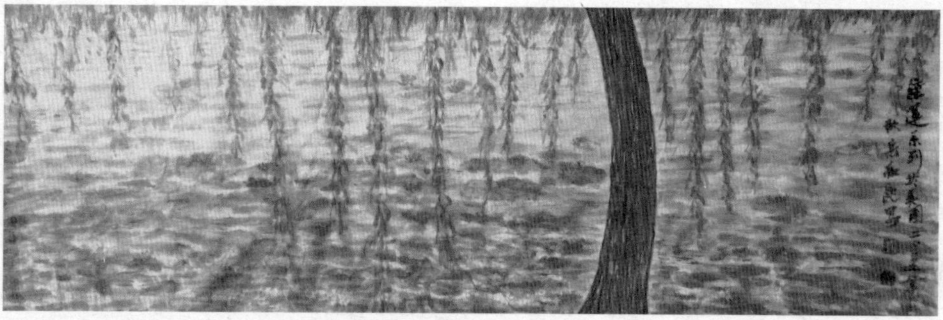

2012年我和家人在国外的那段日子里，外出旅游时会遇到一些困难，不得不求助于别人。虽然我们与他们是素昧平生的陌生人，但他们却给予了我们无私的热心帮助，才让我们顺利到达目的地，才让我们的行程变得更加有意义。尽管我不知道他们的名字，但他们的形象我一直铭记于心。他们的行为影响着我今后的人生——让我继续努力做一个对别人有用的人。回国后，只要一想起他们，我就激动不已，也时常向身边的朋友讲述他们的故事。

争着带路的老人

2012年5月15日，在美国西部城市西雅图机场，我带着小女儿过了安检后，还要乘坐城市轻轨才能到达飞往斯波坎市的登机楼。由于我初到美国，再加上自己英语不好，害怕误了航班，心里很着急。忽然想起妻子说在美国不知道路时，就大胆地问周围的人。此时，我看见一个美国中年人和一个工作人员在楼梯的栏杆旁说话，就拿着行程单，上前询问他们，那个中年人用英语同我说了两句后，发现我仍很茫然。于是他就用手势示意带我去，我很吃惊，真是遇见了好人。

我和女儿跟着他上了轻轨，不知道坐了几站，出来后，上楼右转弯，经过了一个候机大厅，最后来到了2号站台。他向一位蓝眼睛、高个子、身着灰色工作服的小伙子交代了几句就要走了。我赶紧跑上前拉着他的手，激动地不知道说什么好，只是重复了几句“thank you！”

十天以后，我们一家人要到加拿大的温哥华去旅游，必须在西雅图办理入境手续，就在这个城市住了一晚上。第二天早上，我们乘此机会，坐地铁到华人街（China Town）去看看。从住的旅馆出来时，天上下着濛濛细雨，还带着一丝丝凉意。我们走到第三大街时迷路了，找不见地铁入口，看见路边公交车站牌下有几个美国老人，便上前问路。

↓西雅图市为我们带路的美国老人

之后，有两个老人争着要为我们带路，一个穿着浅绿色夹克，一个穿着黑色夹克。这两位老人一同带着我们往前走了十几米远后，穿浅绿色夹克的老人便把带路权让给了穿黑色夹克的老人。这位老人带着我们转过一个街道的拐角，再往前走了约300米远，直接来到了地铁口，临走时还给我们交代了要乘坐地铁的方向及车次。

我们非常感激，分别时，我建议他和妻子、女儿合影留念，他愉快地答应了。于是这位戴着太阳帽、胡子花白、身材瘦高又很精神的美国老人就停留在我的记忆里。

细心备至的老人

到了加拿大的温哥华后，我们要带小孩子去该地著名的斯坦利公园参观。

在去的路上，我们又遇到另一位热心老人。这位老人，在我内心，除了对他感谢之外，还有更多的感动。

从我们住的地方出发到斯坦利公园，要先乘坐城市快铁，再换乘19路公交车，一直坐到终点，下车后就是目的地。

我们先坐快铁，走了四站，下车之后感觉不对，便询问在车站等车的一位加拿大老人。

他听了之后，说我们把路线坐反了，离斯坦利公园已经很远了。

在妻子和他交流的过程中，我仔细观察起这位老人。他身材高大、强壮结实，腰板硬朗且直，背一个黑色挎包，头戴白色太阳帽，上身穿红色运动

→温哥华市为我们带路的加拿大老人

服，下身是灰白色裤子，脚穿白色耐克运动鞋。这身打扮，颜色对比强烈，也很潮，给人的感觉很精干。在和妻子的谈话中，他始终保持微笑，就连白色的头发里也洋溢着慈祥与和蔼。

于是，他带着我们从地铁站台下来，上了一辆公交车，坐了五站后，又带着我们上了另外一辆城市快铁，过了两站后下车，再过一个十字路口，在马路边的19路车站牌旁停下来。

按说到这里后，19路车来了我们坐上车就可以了，而这位老人并没有走，他又给公交公司打电话咨询这趟车到达的时间。由于美国和加拿大一些城市的公交车站牌上有关于本线路车辆到达的时刻表和咨询电话，很方便乘客咨询。

看着老人热心忙碌的样子，我真不知道如何感激他，只能乘机给他和妻子照了一张照片作为留念。在等车的时间里，我们简单交谈了几句，才知道这位老人是加拿大另一个州的中学篮球教练。他很欣赏中国的姚明，到温哥华来看望儿子。

19路公交车来了，老人送我们上了车后才离开。透过车窗，看到一个身材高大、穿红色运动服的身影，在我的视线里渐渐远去……

我的眼眶有点湿润，这多像自己每次回家，父亲在车站送行的情景……而在国外，我们和他只是一面之缘呀！但他高大的形象、白色的头发、慈祥和蔼的面容一直在我眼前闪现……

热情的中国女婿

在加拿大温哥华，我们住的是华人旅馆。华人旅馆大多在网上发布联系信息，并交纳一定的保证金。订购华人旅馆的游客多是到加拿大旅游的华人，也有刚刚在温哥华落地的华人（才到加拿大定居还没有着落）。外国人很少居住，因为当地也有外国人开的家庭旅馆。

华人在加拿大和美国开的旅馆设置基本相同。每个客户住一室一厅的房子，房间带卫生间、厨房等基本的家庭用具；也有贵一点的两室两厅客房，里面的配置和家里基本一样。主人给了钥匙后，客人就随意生活了；也有的厨房是公用的，只给客人一间房子，房间的配置和旅馆一样。另外，华人家庭旅馆还免费提供电话、wifi、报纸、杂志、热水器等。总的来说，华人家庭旅馆总的费用要比住宾馆便宜很多，也随意自由，所以，很受中国游客的欢迎。

我们开始住的华人家庭旅馆配置比较好，一室一厅并带厨房。由于房源紧张，只预订了两天时间。后来，我们搬到了另一家。这家的情况差一点，只给客人一间房子，厨房公用。这家人定居温哥华有十多年了。老板娘以前从中国来加拿大做导游，后来一家人定居下来。现在全家不上班，专门做家庭旅馆生意。

就在我们要离开温哥华的第二天晚上，遇到了一个加拿大朋友，而且还是做建筑装饰生意的老板。

当时已经是晚上8点多了，我们从街上逛回来时，随便买了两斤生饺子，在一楼的公用厨房里煮。一会儿走进一个老外，到冰箱里取面包。他看到我们后，就热情地打招呼。奇怪的是，在我们以前的行程中，很少见到外国人住华人旅馆。

于是我们聊起来。他说自己在一家建筑装饰公司上班，娶了一位中国南京太太。他偶尔还冒出几句汉语，并幽默地说他是中国女婿，见到我们就像见到了他太太的“娘家人”一样高兴。当他得知我们第二天早上要离开温哥华去美国华盛顿州的西雅图时，就主动提出用他的轿车送我们去车站。我们高兴地跳起来，好幸运呀！因为第二天要去车站的公交车次及路线我们还没有查好。另外，还带着小孩子，又拿着行李，换乘车辆和上下车很不方便。

第二天早上，按照昨晚的约定，他8点半准时在楼下等我们。一路上我们

↑送我们到汽车站的加拿大中国女婿

聊得很愉快。他说他到过中国的南京、北京、苏州等好几个城市，认为中国这几年发展很快，工程建设比较多，准备去那里开拓市场。他还说他的家在加拿大的另外一个州，来温哥华是为了谈一笔生意。由于对华人有感情，所以住在华人旅馆。我想，还有一个原因可能是价格便宜吧。

很快就到了车站，他帮我们从汽车的后备箱里取出行李，并留下他的名片，还说如果再来加拿大有事需要帮忙就找他。于是，我才知道他叫Ed. Taylor，而且是公司老板。在为我们带路的这些外国人中，Ed. Taylor是唯一一个我知道名字的。

幽默负责的公交车司机

有一次，我们带着女儿到斯波坎市去购物，回来乘坐的是165路公交车。美国城市的主要交通工具是私家车，公交车不是很多，一般要半个小时才能等到一趟车。美国城市公交车上的乘客不是很多，总能找到座位。公交车的司机也很热情，当乘客上车时，他们都会对每一个人热情地打招呼。

这趟车的司机有50多岁，当我们三人上车时，他看见我们的女儿后，就热情地说“hey”“welcome”之类的话。妻子教女儿学着用英语给司机打招呼，就说：“琛琛，你也say hey！”女儿照着她的话，对司机说“say hey”，司机笑了，旁边的几个外国人也笑了。

到了切尼市，我们要下车时，发现已经错过了站。就对司机说明了情况，他说没有关系，可以乘坐66路车返回去。下车时，他冲着女儿，微笑着说“say bye”，车上的乘客笑了，我们也乐了。

下了车，我们在车站等了一会儿，66路车还没有来，就只好自己往回走。刚走了有50多米，身后忽然传来一声响亮的口哨声。我回头一看，正是刚才那位司机在向我们招手，让我们返回去。

我们返回到原地时，才知道我们下车的这一站，距165路终点站只是一站路程，这位司机又从终点站返回来了，可以在该站停留7分钟。他告诉我

↑华盛顿州切尼市的公交车司机

们165路车在这一段路不从原地返回，他已经打电话咨询了，66路车很快就来了，走过去有点儿远，带着小孩子不方便。

在等车的过程中，我们聊起来，他问我们是哪里来的，我说是中国。他说，那是一个历史悠久的国家。

错过了下车的站，本来是我们的错误，与公交车司机无关，而他还不放心，又返回来为我们指路，看着我们上了66路车后，他才开着自己的165路车上路了。上车前，我和他在公交车旁合影留念。

回家的路上，我心里感慨万千，不时地对妻子说，这位司机对乘客负责的态度真让我佩服。

在美国和加拿大的行程中，我们不时被路上遇到的好人感动着。有时候，一句关切的话语，就会让在异国他乡、无依无靠的我们感动不已。记得在波特兰市的大街上，天气炎热，我们带着孩子，向一个中年妇女问路之后，她说，旅途请照顾好自己。这真像家人的祝福，真像朋友的叮咛，我们怎能不感动呢?

在拉斯维加斯市大街上，中午的太阳灼热，烤得人脸刺痛难受。我们要乘26路公交车去一家商场。在电脑地图上查的是26路站牌距离我们住的酒店步行只需5分钟，但是，我们在街上转来转去怎么也找不到，而且还越走越远了。太阳把女儿的脸晒得红彤彤的，她热得有点烦躁。在路边询问一位开车的女士时，她看到我们疲惫不堪的样子，就顺路用车送了我们一程，下车时她还提醒我们要多喝水。多好的人呀!

下车后，站在大街上仔细看，忽然发现公交站牌就在不远处，我们又高兴起来，疲劳一扫而光。哈哈，原来我们又把方向搞错了。

8

公厕里的关爱

LOVE

当爸爸一个人带着三四岁的小女儿，或者妈妈一个人带着三四岁的儿子走在大街上，如果大人要上卫生间的话，小孩子让谁来照看？

2012年5月15日，我带着四岁的小女儿从北京出发，到达美国的西雅图机场后，再转往斯波坎市。在候机厅等机时，就遇到了这个问题。

↓美国切尼市幼儿园里的家庭厕所，门上面还有盲文

在国内，一般是两个人带孩子。如果是一个人带孩子，有事情时就会委托熟人照看一下。而到了国外，人生地不熟，怎么办？

当时，先是女儿提出要上厕所，我就让她到女厕所去，我在门口等她。过了一会儿，我也要上厕所，我真不知道把她放在哪里才放心。我让她在男厕所门口等我，她不同意，我也不放心。依据国内的思维，我到办理登机牌的工作人员跟前，用英语向他说明情况，想让他帮我照看一会儿小孩。没想到他说不能帮我照看，但他直接把我带到一个叫familyrestroom（家庭厕所）的门口，说我可以带着小孩进去了。

我忽然明白，西雅图机场有三类厕所，即men’s restroom（男厕所）、women’s restroom(女厕所），familyrestroom（家庭厕所）。这种情况在国内很少见。

可见，家庭厕所有很多好处，便利了带小孩的大人和行动不便的老人。在公共场合因上厕所引起小孩、老人丢失的现象无论是在中国还是在美国都发生过，有了家庭厕所就可避免了。实际上，familyrestroom在美国是一种大型的无性别无障碍公厕，主要是为有异性亲属陪伴、残疾人士、带小孩子的大人提供的一种服务设施。这种厕所在幼儿园、机场等公共场所比较多。后来，我们一家人到洛杉矶的好莱坞环球影视城旅游时，在儿童戏水区旁边，一摆溜有五六个familyrestroom。

于是，在美国期间，我就特别留意该国的公厕设施及建设情况，感觉到美国的公厕以设施齐全、干净环保、以人为本等为设计理念所表现的公厕文化，始终渗透着浓浓的人文关怀，折射出了这个国家的文明程度。

美国人把公共厕所不叫卫生间，也不叫W.C，而是叫休息室(restroom)，有的地方叫洗手间（washroom），或者叫洗澡间（bathroom），也有的地方直接写着men、women和family。在飞机上的厕所叫Lavatory。这些叫法与中国的“方便”八竿子打不着。至于W.C（water closct）是英国人过去的用法，在美国早已out（过时）了。如果你在美国说W.C，是没有人能听明白的。

在美国无所谓公共厕所之说，也几乎看不到国内意义上的公厕。公厕只有在公园和一些公共场所才能看到。我在2012年7月初到美国费城旅游时，在自由钟和独立宫前面一大片草地的角落，看到了一所公共厕所。据导游介绍，该厕所修建于20世纪30年代，是美国的第一个公共厕所。从旁边的英文说明可知，该厕所是美国第一家将粪便和进出水分开，并用水冲洗的厕所。

走在美国的街头巷尾很少看见公共厕所，偶尔在街边看到一个移动厕所，觉得很稀奇，这种厕所聚会时用的比较多，平时很少用。美国的法律规定，所有公共场所和街面的商业用房都必须有厕所，而且要对外开放，这也许是美国不专门大建公厕的原因之一。可见，美国的厕所产权属于私人的，但使用权却是共有的。而中国街道商店的厕所是私人的，通常不对外使用。

在美国随便走到那儿，只要有店铺就不需担心找不着厕所。这让初到美国的中国人很不适应，有时憋着劲儿，还找不到公厕在哪里。好不容易在商场或是加油站找到一个，看到没有收钱的老头儿、老太太，还觉得好像占了人家的便宜似的，速战速决，草草收场。后来摸清了规律，上厕所就轻松自如了。

以下介绍美国的厕所文化。

一看美国厕所的设施。

美国三四层以下的建筑物，建筑材料多用木板，很少用砖和混凝土，就连地面也铺木板，只在厕所里砌瓷砖。以前在国内听说过这种情况，现在才明白是怎么回事。美国厕所瓷砖的清洁质量很好，是专用的，清洁剂一喷，毫不费力就将污垢去除掉。无论在飞机场、火车站、商场还是饭店，厕所的瓷砖干净又光洁。

→美国西雅图市一家商场的厕所

与国内公厕相比，美国厕所里除了灯光明亮之外，还免费提供纸。每个公厕里面都备有三种纸：一次性的坐便用纸、手纸、擦手纸。三种纸由不同的材质做成，既照顾到使用者的舒适性，又考虑到环保和节约。

坐便用的纸洁白，稍微厚一点，一般镶在坐便器后边墙上的一个盒子里，用手一抽，就拉出来一张椭圆形纸，中间是一个大洞，正好覆盖住坐便器的沿，以防座感染。用完之后，纸和粪便一起冲到下水道里。有的公厕是自动冲，有的公厕需要人按一下按钮。每一次用的时候，我都有一种担心，这样会不会堵塞厕所的下水管道，因为这种情况在国内时常发生。

手纸也是白色的，装在便池侧面的墙上，抽一张出来，摸着柔软，用着也舒服，应该是纯木浆纸。

擦手纸装在水池旁边墙上的盒子里。颜色是淡灰色，比较厚且有点硬，吸水性很好，这是一种再生纸。用手一抽，里面的滑轮自动转一下，还带着“吱”地一声，一张纸就“吐”出来，有的要转动盒子旁边的小手柄。每一张之间的接头有锯齿状图案，很好看。

记得女儿初到美国时，就很喜欢这种纸，每次都多抽一张，拿着玩。后来习惯了，也就不再多抽了。装擦手纸盒的墙边有一个大塑料桶，擦过手后，人们都会自动把废纸扔进去。有的公厕既配有擦手纸，还配有烘手机。

另外，厕所洗手池配备热水、凉水和感应水龙头。手一靠近水龙头的喷嘴，水自动流下来，一离开水就停止。在水龙头旁边有洗手肥皂液，肥皂液装在一个小喷头里，用手轻轻一按，自动滴下来。

有些厕所里放着成卷的备用卫生纸，但从来没有人私自拿过一卷。为此，我还和国内一位在美国的访问学者讨论过。他说，有个十岁的中国女孩，初到美国时，第一次上厕所看见里面的备用卫生纸卷，由于在国内公厕里从来没有遇到过这种情况，出来时就随手拿了一卷纸，还高兴地对爸爸说，我给咱们捡了一卷纸。她爸爸向她解释清楚这方面的知识后，她再也没有出现“捡纸”行为。由此可见，中美文化差异在厕所里也可以体现出来。

二看美国厕所的人文关怀。

美国厕所一开门是个小过道，过道里有个格挡，类似于国内的屏风。这种设计是一种文明。避免一推门就能看见别人提裤子或者在小便而引起的尴尬。每个便池都是一个单间，门上有衣服挂钩。蹲便器高矮皆有，适用不同个子的人。

另外，在大型公共场所，如机场、车站、码头、宾馆或商场内的公厕，都提供宽大的空间，供残障人的轮椅出入，还设置有残疾人专用的坐便器，其空间要比一般的大一点儿，而且门上都有盲文。

在美国，多是一个大人带孩子出门，经常看见有的妈妈一个人带两三个孩子出入公共场所，那么，为婴儿换尿布或者大人上厕所时孩子该怎么办呢？

美国人是这样解决的：

在厕所蹲位对面的墙壁上，设置一个用铁板和弹簧做的小座位，叫做可折叠的婴儿整理台（Baby changing station），专供带小孩儿的父母为婴儿更换尿不湿，这种设置男女公厕都有。Baby changing station平时折叠起来与墙壁平行，用时可以把它打开，与墙壁垂直成90°，然后把孩子放上去，为防止孩子乱动掉下来，还用一条像汽车里安全带一样的扣带拦住孩子的腰。这样，大人就可以放心地解决自己的问题，既不用考虑婴儿没有人照顾的麻烦，也不用担心婴儿掉下来。

美国厕所，无论男厕还是女厕，在洗手池旁边都装着一面大镜子，厕所里还有电插头。记得有一天晚上，我们一家人要外出，在斯波坎市火车站的候车厅等车，我看见一个中年男人背着双肩包进了厕所，好长时间还没有出来。一会儿，我也进去上厕所，才发现他在里面已经洗完头，正在用吹风机吹头。当时，我还觉得蛮稀奇的。美国女人早晨出门时，带个补妆用的化妆

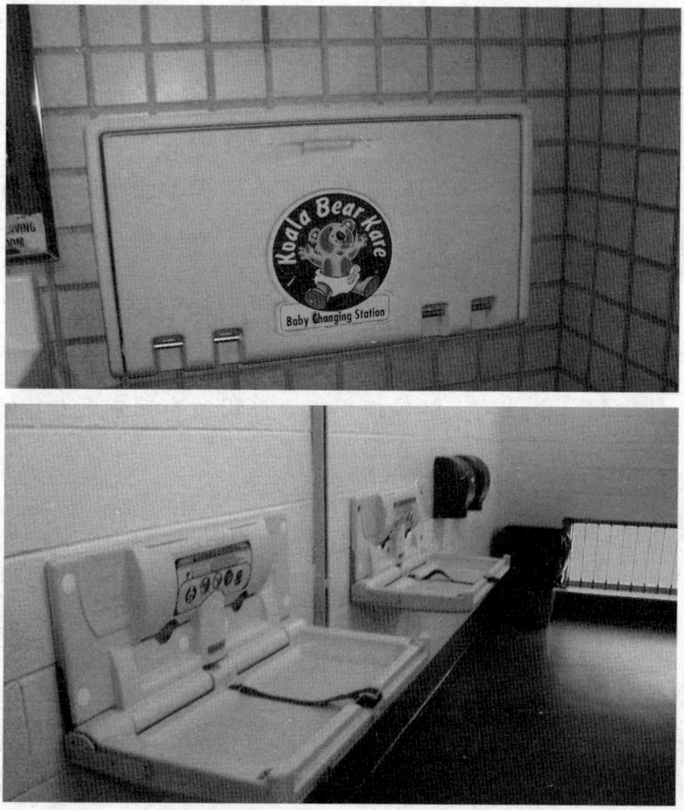

↑旧金山一家商场厕所的Baby changing station设施

盒。下班后要出去参加晚会，来不及回家，换晚装和打扮就在这里进行。她们上班时穿的衣服很严肃，晚上出去时，却是浓妆艳抹，服装的风格变得鲜亮、时尚。另外厕所外间是休息室，人们还可以在那里小坐。

三看美国厕所的雅致与妙趣。

以上两方面是美国厕所的最基本设施。除此以外，美国的一些厕所里还有雅致妙趣的一面。有的厕所环境优美、地面洁净，在水池旁边摆放一盆鲜花，花儿散发出淡淡的香味；有的在墙上挂着一些装饰画，很别致优雅，别有一番情调。

有的厕所还利用小小的空间举行摄影展，作品每周更换一次，人们在使用厕所的同时，还可以接受文化教育与艺术熏陶，既装点了环境，又节省了时间。

美联社2006年7月23日报道了在美国俄亥俄州西南部黄温泉村的一座公厕里，两名艺术家举办了一次画展，黄温泉村厕所画廊由此诞生，这座画廊叫ChamberPot。两名艺术家希望以此来引起公众对艺术的重视，也可吸引更多的外地游客来村庄旅游。

有些饭店的厕所还专门设置张贴体育版报纸的墙壁。纽约有家餐厅叫Espn Zone，它就以体育为主题，在餐厅的15个卫生间里安装了电视，用来播放体育节目。还有一家叫约翰·迈克·科勒的艺术中心，将6个卫生间都布置成艺术展览馆的模样，其中有一个卫生间的墙壁就是用色彩缤纷的彩陶来装饰，以展现建筑历史。

更让人觉得不可思议的是，美国人还在厕所举行婚礼。2007年12月19日美国肯塔基州的新娘珍妮佛·卡农与新郎多伊·尼科尔斯，在纽约时代广场的一个公共厕所内举行了一场隆重简朴的婚礼。纽约一家专门从事廉价婚礼生意的网络公司为了宣传“节俭办婚事”的理念，在全美征召一对即将结婚的新人，免费为他们在厕所内操办。由于珍妮佛和男友从来没有去过纽约，他们也报名参加了这个活动，结果被幸运选中。在这场富有创意且“别具风

↑纽约一家商场的厕所

味”的婚礼上，让所有人目瞪口呆的是，珍妮佛当天穿的婚纱，竟全部是用卫生纸制作成的。

正因为美国的厕所大多具备上述条件，有时候还能衍生出一些故事。在美国时，就听到两个相关事例：一个是说斯坦福大学有个学生特别奋发上进，该学生家里经济困难，没有钱租房子，上大学的几年间，他就偷偷地寄居在学校的厕所里，最后以优异的成绩毕业；另一个是2006年圣诞期

↑美国斯波坎市一家商场的厕所

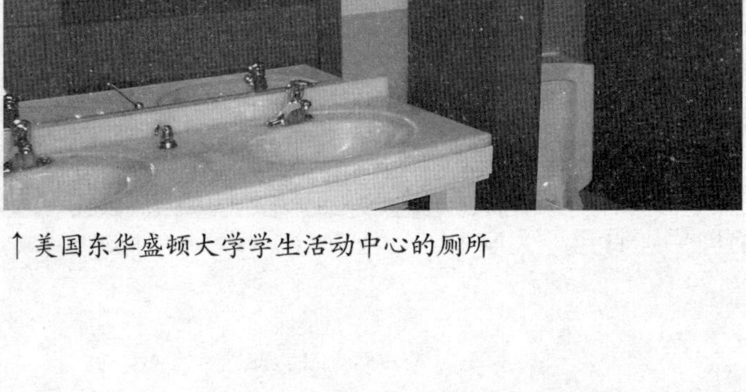

↑美国东华盛顿大学学生活动中心的厕所

间上映的新片“the Pursuit of Happiness”（《幸福来敲门》）。Will Smith（威尔·史密斯）扮演剧中的主人公克里斯·加纳，剧情十分感人。他开始时十分穷困潦倒，无家可归，只好带着儿子在公厕内过夜，最后他终于发达了。这两个事例，前者是真人真事，后者是根据一个美国黑人投资专家Chris·Gardner的真实事迹改编的。

这样的事情只会发生在美国，而不会发生在中国。因为国内还没有这样好的公厕。国内报纸也报道过类似事例。有一位清洁工，因为工资低，租不起房子，一家人多年吃住在厕所旁边5平米的小屋里。但看看国内厕所里的环境状况，就可想象他们的居住情况了。

四看美国的第四类厕所。

美国公厕曾经是反对种族隔离政策、争取残疾人权利的地点，如今成为一种文化或政治分歧的象征。前几年，威斯康星大学、加利福尼亚大学、圣芭芭拉大学等高校中的积极分子，曾经为修建中性厕所而不断游说。中性厕所运动在年轻变性人，特别是大学生中间，引起了特别大的反响。大学生们正在苦苦寻找表达自己心理性别的权利，他们都赞成不能以太严格的性别来区分文化，也不是以出生时的性别基础选择洗手间，而要注重强调心理性别。

在这种背景下，美国的有些地方产生了第四类厕所，即中性厕所，也叫无性厕所，专为做过变性手术的人和同性恋修建的厕所，男女均可进入。这类厕所多建在一些大学。旧金山大学10万名学生中，有10%—12%的人是同性恋者或变性人，学校管理层已经把几个男厕所改为中性厕所，在2007年使用的两个新学生宿舍楼内，已经有3种厕所：男厕、女厕和中性厕所。如今，在加利福尼亚大学新校区，除男厕所、女厕所外也新修建了“无性厕所”。

了解外国的厕所后，我不由想到了中国的厕所。在我国农村，有些地方的人还很原始，上厕所时，有的人仍在用树叶、瓦块、废纸擦便。在一些城市，前几年上公厕还要缴费，这让老百姓很不满意（从媒体了解到，一些中等城市的公厕依然还在收费）。有些人为了省钱，就找一个偏僻的地方大小便。如今大城市的公厕免费了，但是其干净程度及其设施还需要改善。公厕里没有洗手液、手纸、烘干机等基础物品，有的连冲便水都没有，老远就能闻到刺鼻的味道。

公厕的干净程度及其设施状况，是一个地方文明程度的重要体现，厕所文化折射出人的文化。国内的一些公共厕所不但设施落后，而且是脏、乱、差。常常看到一些厕所的墙壁、门板上有乱涂鸦的痕迹。有些高校的厕所里还有涂鸦的淫秽图案。这充分反映出国人的素质状况，同时也看出国内大学生的思想比较压抑，特别是在异性交友方面。

在国内旅游时，我就很留意一些地方厕所的设施建设。记得2011年初夏，我到四川都江堰旅游，看到厕所门口有一个牌子，上面写着“4A级公共厕所”，很好奇，就进去体验了一下。里面的设施和美国普通公厕差不多，但没有配置热水，灯已经坏了，可能还没来得及修换。这几年，在国内一些4A级和5A级的旅游景区开始建星级厕所。如西安在2011年举办世界园艺博览会时，就建立了星级厕所。其实这种星级厕所，在国外已经很普通、很普遍，而国内这些所谓的星级厕所并没有配备热水、卫生纸及其他必要的设施和物品。另外，目前国内的公共场合还没有见到家庭厕所（familyrestroom）。我想，将来一定会有的，但不知道要等到何时。

国内公厕的落后设施，让许多回国旅游的华侨和一些老外很不适应。凡是来过中国的外国人，回国后最大的抱怨就是中国的厕所。想来中国旅游的外国人，听说了中国的厕所状况，有些就会打消来旅游的念头。

关于外国人在中国上厕所遭遇尴尬的故事很多。美国华文报纸曾经披露：中国的公共厕所吓走了外商，结果丢了400万美元的生意。有一个老外，来中国考察。虽然外商在中国住高级宾馆，但他们也要出去走走。有一天，这个老外在大街上的公厕方便后，遇到了困难。因为外国人早就习惯了自己国家的厕所，出门时压根儿就没想到要准备手纸。后来听说那老外急中生智，脱下鞋垫解决了问题，之后就气愤地回国了。

记得20世纪70年代，在中国坊间流传着一个关于周恩来总理智答外国记者的趣闻。在一次中外记者招待会上，有外国记者问总理，中国这么多人口，总共有多少个厕所。总理略一思索答道，有两个厕所，一个是男厕所，一个是女厕所。显然这是外交上一个常用的偷换概念的方法，用种类换取了数量，同时也巧妙地回答了对方的提问。从现在的情况来看，美国记者提的问题，可能是暗含了中国厕所的设施及建设的落后状况。

中国人去过美国后，回国也抱怨国内厕所的设施落后和卫生差，就想当然地认为中国在卫生方面自古就落后于西方，这是一种错误认识。其实中国无论在厕所建设还是沐浴方面，一直领先于世界。中国很早就产生了清洁身体不同部位的专有词汇，如沐、浴、洗、澡、泡、汤等。与洗浴有关的情节频繁出现在史书和神话故事中，“沐浴更衣”很早已成为日常词汇。

查找有关资料可知，从整体上看，中国在大部分时间里都比西方要洁净和讲究。中国第一座公厕于清同治三年（1864年）在上海公共租界南京路虹庙落成。一直到晚清，中国的赴美留学生到了美国后要每天洗澡，美国人还很奇怪：“你们中国人怎么天天要洗澡啊？”当时，也正是欧美开始转变传统卫生观念的时代。自近代以后，我们各方面变得落后于西方，就连厕所的设施建设及卫生状况也同样。

而在古代的西方，洗澡是比较稀罕的事情。古希腊的沐浴，不是为了清洁身体而是为了锻炼身体。在工业革命以前，西方人还生活在粪坑里，城市到处臭气熏天，人民受尽了肮脏之苦，也病死了很多人。工业革命以后，政府认识到公共卫生事业的重要性，便借助工业革命的技术和侵略扩张抢来的黄金白银，开始普及现代卫生设施。1848年英国首次颁布公共卫生法案，规定地方政府为民众提供卫生良好的公厕。1899年波斯特尔发明了直落式坐便器以后，大量的盥洗架也开始制造，欧美人民便习惯了每天洗脸。1916年后，陶瓷工业的发展，随着现代式样的浴盆开始大量生产，欧美人终于感觉到了洗澡之乐。于是，他们后来居上地变成了“干净人”。

了解了国内外厕所的发展变化历史，我们也就心安理得了，不再那么自卑，最起码我们的祖先还是很值得推崇的。同时，我们要更清楚地认识到，厕所文化所包涵的信息量巨大，它反映了一个国家的文明与先进程度。如何改变国内公厕状况，提升整体卫生、设施的水平，是我们亟需要解决的一项问题。

9

牦牛『领着』汽车走

Easter
presents
Hongzi Yue
岳红记 drew
on April. 17. 2015
in
Cape.
Girardeau.

2012年6月11日上午11点，我们一家人开着租来的红色轿车，从华盛顿州的切尼市出发，向美国的黄石国家公园(Yellowstone National Park)前进。同行的有江西科技大学在东华盛顿大学做访问学者的许剑锋一家人。

经过6个多小时的长途跋涉，我们终于到了蒙大拿州，住在 the Lodge at Big Sky度假酒店。由于我们的旅游规划有点晚，离黄石公园最近的酒店已经

↓在the Lodge at Big Sky度假酒店前的合影

←妻子在蒙大拿the Lodge at Big sky酒店前大湖坝堤的留影

订满了，只好在这里住两个晚上。

这是一个中豪华四星级假日酒店。里面有无线网络、微波炉、冰箱、免费咖啡、咖啡壶。另外还有免费游泳温泉、健身室及其他娱乐设施。这里距离黄石国家公园的入口处有1小时的车程。

这个酒店的位置很不错，紧挨屋后是一片柏树林，柏树林后边是一座大山，山顶还卧着皑皑白雪。前面是一个大湖，湖左侧是一座座延绵起伏的小山，还能看见山坡上的滑雪道。

在这个酒店，如果住在后排，透过窗子能看见美妙的山谷。如果住在前排，可以看到如镜的湖面和远处的滑雪场。另外，在the Big Sky Hotel附近还有一些其他建筑。车子绕着酒店右边的水泥路走500多米左拐，来到湖岸上。站在此处，能看见对面的酒店。

→去黄石公园的路上为汽车加油

我们住下后，把自己带来的电饭锅及其他做饭的材料搬进房间做晚饭。第二天早上在一楼吃免费早餐时，我发现这里住了不少中国人，以年轻人居多。匆匆吃过早饭，就赶紧出发。因事前做了一点功课，知道黄石公园内没有加油站，我们在中途看见一家加油站，给汽车加满了汽油。

美国的汽油按加仑来计量（1加仑=3.785升），相较国内油价低许多。另外，美国加油站和国内一样有超市、卫生间等其他设施。不过，加油时没有服务员帮助，必须自己动手。付款时，一般都刷信用卡，很少用现金。

之后，我们又上路了。沿途看到的风景都是绿色的，远处是茂密的森林，近处是草滩。快到黄石公园时，我忽然看见前方有人举着一个写有“stop”的圆形牌子在挡车，前面有几辆车已经停下来。依据国内惯性思维，前面要么是出车祸了，要么是警察在查证件。

只见一个女性工作人员从前面第一辆车开始，顺次走到每一辆车旁，透过车窗，微笑着用英语对每一位司机说，对不起，耽误了你们的时间。前面正在处理一段路基，需要等待十分钟。

很准时，刚过十分钟，车队在一辆顶部闪烁着报警灯的工作车带领下，缓缓前进了。此时，我才看见，道路左侧正在修补，只能一侧交替通行，每十分钟一趟。行走的路线和车速均由引导车来控制。这种处理方式和我们在国内碰见的类似情况很不同，感觉安全、亲切。

过了约有两公里的修路区，我们继续加速前进。20多分钟以后，就看到路边竖着一块黑褐色的木质牌子，上面写着Yellowstone National Park。妻子兴奋地说，黄石公园到了。我明白，不远处就可以进入公园了。同行的许老师开着另一辆车，一路用对讲机和我们联系，他建议我们停车下去拍一些照片。

标志牌前面有一个小广场，依次并排可以停放七八辆车，可能是为游人拍照准备的。因为美国的车速一般比较高，停放在路边很不安全，警察还会罚款。于是我们将车从路面开下来，停在这个小广场上，拍了几张照片。之后，我们开了有两公里就进入了黄石公园。

←美国黄石公园的木质标志牌

→女儿在黄石公园内留影

黄石公园的名字源于这里大面积的岩石是黄色的，且呈犬牙交错分布。这种地貌形成于近两百万年前的一次火山爆发。目前全境内99%尚未开发，是一片广袤而洁净的原始自然区。

黄石公园的美丽风光，我无法用语言来形容。只知道它很大，总面积8983平方千米，大部分位于怀俄明州西北部，有一部分伸展到蒙大拿州和爱达荷州。凡是去旅游的人要么自己开车，要么跟旅行团，因为园内没有公交车，也有骑摩托车、自行车探险的游客，很少有人徒步去。园内的环山公路长达500多公里，旅游路线是一个阿拉伯数字"8"形，游客开着车可以在里面任意观光。每个观光点都有专门停车场。

这片地区原本是印地安人的捕猎圣地，因美国探险家路易斯与克拉克的发掘，成为世界上最早的国家公园。在这广博的天然森林中，有3000多眼世界上最大的间歇泉集中带，占全球一半以上。这些地热奇观是世界上最大的活火山存在证据。其中尤以每小时喷水一次的"老忠实泉"(Old Faithful

→我们一家人在黄石公园Spasm Geyser的合影

Geyser)最著名，另外还有五彩斑斓的大棱镜(Grand Prismatic Spring)、宁静的黄石湖(Yellowstone Lake)、壮观的黄石大峡谷(Grand Canyon of the Yellowstone)等景点。这里的主人——动物，也是吸引游客的一大看点，有北美野水牛、灰狼、棕熊、驼鹿、麋鹿、巨角岩羊、羚羊、羚牛等野生动物，熊是其代表。

由于时间关系，我们只用了两天时间在黄石公园匆匆穿过。要想全面了解至少要一周时间。然而就在这两天时间里，我又开始“胡思乱想了”：

先说黄石公园的门票。黄石公园的门票根据进入方式的不同采取不同的价位。私人非商业车辆进入每车25美元，乘雪地车、摩托车进入20美元，16岁以上成人步行、自行车或滑雪进入12美元。这笔费用包括7天内黄石公园入园的许可证和Grand Teton公园的门票。也就是说，每一辆小轿车只要交了25美元，在接来的一周内就可以free出入两个公园。如果一辆小车最多可以坐5人的话，每人才花费5美元，超便宜！这在国内是打着灯笼也找不到的旅游景点，而且在1978年就被列入世界自然遗产名录。

后来，我查找了一些资料才知道，在美国，全国各地的国家公园，如美国亚利桑那州大峡谷（Grand Canyon）和黄石公园等20处世界遗产的景点收费、门票每张10美元，16岁以下未成年人免费。像费城的独立厅和纽约的自由女神像等文化遗产公园不售门票。如果收费，国家公园管理局要根据国会立法制定的门票定价指南来实施门票收费标准。

对国家公园门票收费问题，国会有专门立法，确定了哪些地方不能收费，收费的地方应遵循什么样的原则，有的还确定了最高限额。比如规定所有国家公园门票最高不能超过20美元，年卡费用最高为50美元。美国立法对门票调整有严格的规定。虽然各公园每年都可以向国家公园管理局申请对门票价格进行微调，但需要出具足够的理由，最主要的理由是物价上涨，但价格确定后必须有一年的公布期才能正式生效。因此，美国一般不通过提高门票的方式限制人数，主要通过限制门票数量、规定参观时间段等调节措施来限制游客数量。自由女神像、独立厅、华盛顿国会山庄和华盛顿纪念碑等景点就用这种办法。

按照立法规定，美国各国家公园的门票与娱乐项目收费的80%可以留在公园，用于支付公园的维护和管理开支，其余20%上交国家公园管理局统一支配，用于援助不收费的公园。门票收入在公园预算中所占比例不大，主要还是依靠政府的财政拨款。

再看看国内的旅游景点，近年来许多旅游景点都在争抢戴“国家”的帽子，增加字母“A”，忙着“申遗”。因为有了这些称谓，该景点就珍贵了，升级了，里面的内容就丰富了（其实里面的变化并不是很大）。之后，门票就开始猛涨。在旅游淡季和旺季的门票差别很大。何谈免费？另外，有些地方采取打包销售的策略，把相近的几个景点联合起来，实行一票制。而有些游客只是去其中一个景点旅游，也不得不买全票。

再看公园环境的保护。黄石公园成立于1872 年，除去因火山爆发引起森林破坏之外，几乎没有人为因素的损坏。通过两天的旅游，我怎么也感觉不到这是个闻名世界的全球第一座“国家公园”。

这哪里是公园，与其说是公园，不如说是原生态的大自然景观。因为按照我们国内惯例，只要是公园，就少不了宝塔、楼阁、山门、石刻……少不了宾馆、饭店等休闲娱乐的楼堂馆，还有大园套小园的收费门亭，甚至有块空地也会安排一项娱乐项目。在这里，感觉就是身处原始森林里和荒山野岭上，穿行在野兽出没的无人区……看不到任何经过雕琢的人文景观，一切皆是原汁原味的原生态。

夏天，这里游人很多，但地面上看不到一点点游客留下的垃圾，也看不到水池中扔的钱币。有危险标志的地方，人们主动避开，没人去冒险。

在黄石公园，我无意犯了一个小小的错误。当我的汽车停留在路边，妻子和孩子下车看路边的野鹿时，我在车上没有下去。一会儿妻子回来对我说，她看见一个50多岁的外国男士，有点像工作人员，但没有穿工作服，可能是个义工，从我们的车子旁边捡起一个白色塑料袋，还对我们的车盯了一会儿。他可能认为是我们扔下的垃圾袋。我顺口说，咱们没有乱扔垃圾袋呀。他可能是看到我们的车子新而且豪华，觉得我们是不是很有钱，很“土豪”呀！殊不知，我们的车子是租来的。

后来，女儿在车里吃完橘子要扔皮时，找不见车上的那只白色塑料袋。我才意识到，妻子下车时，外边的风很大，在开车门的瞬间，可能是风把车上的塑料袋吹走了。

这几年我在国内旅游时，在一些地方经常看见游客把垃圾不扔进旁边的果皮箱，而是随意抛撒，扬长而去，很是潇洒。记得2012年冬天，我在华山旅游时就看到这种情况，心里很不是滋味。

最后看人与动植物的和谐相处。如果从黄石公园植物和动物的角度来

→陕西华山上游客扔下的垃圾

说，游客的到来，无疑是侵犯了它们的地盘，扰乱了它们的生活。所以美国国会1872年3月1日立法，通过了黄石公园“为了人民的利益被批准成为公众的公园及娱乐场所”和“为了使它所有的树木、矿石的沉积物、自然奇观和风景，以及其他景物都保持现有的自然状态而免于破坏”。

在黄石公园，牦牛、野鹿、黑熊等动物随处走动。所以车不能开太快，有限速要求，如果你看到前面的车在路边停下来，就必须减速，慢慢走近，会看到游客们正端着“长枪大炮”拍摄路边的动物。大家都静悄悄地，没有人大声吵闹、喧哗。

记得在第二天下午，天空还下着小雨，我们正开着车，前面的车子突然慢下来，走走停停。我还以为前面发生了什么事情。一会儿，我看见公路前面的另一侧车道上，不知什么时候窜上来两只牦牛，在路上悠哉游哉地散

↑黄石公园的公路上牦牛“领着”汽车走

↑黄石公园的公路上牦牛向树林里走去

步。牦牛后边的车子走得很慢。司机不敢按喇叭，也不敢加速，就这样小心翼翼地往前移动。而我们这边相反方向的车子，也不能太快，害怕牦牛窜到这边来。此刻，每一辆车的窗子都打开了，大家在忙着拍录这难得的一幕。

牦牛一点儿也不慌张，也不转身攻击身后的车辆。它们仿佛已经习惯了游人的存在方式，在自己的家园，按照常态的生活节奏行进着。

这场面很壮观。有点像电影中导演安排的场景。我们很幸运亲历了牦牛“领着”汽车走的场面，很兴奋、很激动。就在两只牦牛经过我们的车子时，妻子抓拍了几张照片。

据了解，这景象时常在黄石公园出现，就看游客有没有运气遇到。

牦牛刚经过我们车后，我从汽车的反光镜里看到，它们从一个小道岔口向远处的森林里走去。或许它们觉得挡了这么长时间的路，有点儿不好意思。

这，就是人和动物的相互尊重与和谐共处。这一幕久久地印在我的脑海中……

10

在斯坦福大学寻找中国文化

Grace
惠

近几年来，我在书法文化和书法传播方面关注比较多，也做过一些研究。2012年5月至7月在美国的这段时间里，我特别留意中国书法在美国的传播和交流情况，文化的交流与传播在大学图书馆里体现得最明显。6月底到美国旧金山旅游时，我决定去看看被誉为“西岸的哈佛大学”——斯坦福大学，到那里去寻找中国书法文化交流的痕迹。

斯坦福大学（全称小利兰·斯坦福大学，英语为Stanford University，全称Leland Stanford Junior University）是美国的一所四年制私立大学，建于1885年，被公认为世界上最杰出的大学之一。它位于美国加利福尼亚州的帕拉阿图市（Palo Alto），与旧金山（San Francisco）相邻，占地35平方公里，居美国单块校园面积第二。同时，这里也是美国西部硅谷重要的研发、生产基地。

↑老利兰·斯坦福

关于斯坦福大学的创始，可以说有一定的偶然性和感恩性。当时加州铁路大王老利兰·斯坦福总裁，曾担任过加州州长。1884年，老利兰·斯坦福夫妇带着他们聪明可爱的儿子小利兰·斯坦福在意大利旅行。当时小利兰还不到16岁，就能讲三国语言。旅游期间，小利兰因伤寒染病，不幸身亡。失去爱子之后，已年近60岁的老利兰·斯坦福痛心疾首，非常难过。

由于当时世界大学的中心在英国，美国的大学才刚刚起步，国内好多孩子急需接受高等教育，有着博大胸怀的老利兰痛定思痛之后，决定投身于教育公益事业。他便用自己的全部家产成立了一所以他儿子小利兰·斯坦福命名的大学，以此方式来纪念他。他还把自己8180英亩用来培训优种赛马的农场拿出来作为校园区。1885年斯坦福大学注册成立，两年后举行了奠基仪式，在建校之初，老利兰·斯坦福曾说：加利福尼亚的孩子会是我们的孩子"，并把"自由之风永远吹拂"(the wind of freedom blows)作为学校的校训。1891年10月1日斯坦福大学迎来了第一批学生。

建校之初，美国人对斯坦福大学的前景并不看好，因为它的所在地是西部荒凉闭塞的偏远地区。直到现在，当地的人还称斯坦福大学为"农场"。但是，就连老利兰·斯坦福本人可能也不会想到，他的这一决定为以后的加州及美国带来了无尽财富。经过几代人的艰苦创业，斯坦福大学今天已经发展为世界一流大学，并享有极高的声誉，综合实力排在美国大学的前四位，仅次于哈佛、普林斯顿、耶鲁。

中国学生或多或少都听过斯坦福大学的名字，关于他的各种传奇故事在互联网上广为流传，有些是真的，有些是杜撰出来的，其中流传最深远的故事是这样的——

多年以前，曾经有两个乡巴佬夫妇，找到哈佛大学的校长说，我们有一个儿子曾经在哈佛读过一年书，他喜欢哈佛，在这里也生活得很愉快。但是去年，他不幸身亡，我们想在校园里为他留一纪念物。校长说："我们不能为每一位曾读过哈佛而后死亡的人建立遗像。如果这样做，我们的校园看起来不就和墓园一样了吗？"

夫人说："我们不是要树立一座遗像，而是想捐一栋大楼给哈佛。"哈佛大学校长并没有被他们的行为感动，反而觉得可笑。他看看穿着粗布衣服的夫妇，很傲慢地说，“捐一栋楼要一百万，我们学校建筑物的价值超过750万美元。”然后就把这对老夫妇打发走了。

这位夫人转向她的丈夫说：“只要750万就可以建座大学？那我们为什么不建一座大学来纪念我们的儿子？” 就这样，斯坦福夫妇离开了哈佛，来到加洲，成立了斯坦福大学来纪念他们的儿子。美国哈佛大学校长因这次错误判断，失去了一次难得的发展机遇，却造就了斯坦福大学。

记得那天早上，我和妻子、女儿乘坐城市火车去斯坦福大学。从旧金山到斯坦福大学所在的帕拉阿图市，火车每小时一趟，等待的时间比较长，但火车到达的时间比较准时。在每个站台旁边有自动售票机，根据你去的目的地，按键选择，然后投硬币、纸币或者刷卡，车票弹出。在美国坐火车是按区域（Zone）收费的，从一个区到另一个区要2美元。我们住在South San Francisco，到达帕拉阿图市要四个区。美国城市的火车是双层结构，平时每节车厢的人比较少，而上下班期间人比较多。在火车尾部还留出三节车厢，专为骑自行车的人使用，因为他们会把自行车也搬上火车。车厢里面的功能设置也很合理，有残疾人的专用位置和带行李箱乘客的专用位置。

上火车时，也没有工作人员查票，但乘客都自觉买票。因为大家知道，逃票一旦被查出，处罚好几百美元，同时还涉及个人的信任指数，所以没有人敢冒这个风险。我在车站曾经看到一个乞丐，他买票的钱不够，就向旁边的乘客讨要，这个人给一点，那个人给一点，之后他凑齐钱买了一张票。

经过近50分钟的行程，我们到达帕拉阿图市。下车后，公交站台有几个人，一位是黄褐色卷曲长发的美国女学生，还有一位留着短发的中国年轻妈妈和一位六十多岁的中国老太太，年轻妈妈推着手推车，里面是两个男孩，一个大，一个小。

根据我们以往的经验，在美国问路最好选择当地人，因为他们比较熟

←旧金山火车站的自动售票机

旧金山市郊的双层火车→

←旧金山帕拉阿图市的火车站

悉情况。妻子用英语问那位美国女大学生到斯坦福大学如何乘公交车。让我们吃惊的是，她竟然用流利的汉语反问我们，“你们要到斯坦福大学哪里去呀？这儿就是斯坦福大学的校园。”她的反问，让我们很不好意思，忽然明白过来，美国大学没有围墙和大门。真是身在其中，还不知其真面目。

当她正在给我们介绍斯坦福大学的情况时，公交车来了，她摇摇头很不好意思地说，必须得走了。

接着，旁边那位中国的年轻妈妈主动和我们搭话。我告诉她，我们是来斯坦福大学旅游的，想看看校园的情况。她说，“学校现在放暑假了，学生不多，我们是带孩子到校园玩的，小孩在家里孤单。斯坦福大学playground的孩子多，可以一起玩。你们可以和我们同坐一辆车，到风景最好的地方，我提醒你们下车。”

我们太高兴了，遇到了熟悉情况又热心的同胞，真好！

在交谈中我们才知道她来自于中国苏州，她的爱人在斯坦福大学做医学博士后，她来这里已经两年了。那个大一点的男孩刚过三岁生日，在国内生的，小的还不到一岁，是在美国生的。她一个人照顾不过来，就让母亲来帮忙。此时，我才明白，那位中国老太太就是她母亲。

我问她爱人博士后出站后，是不是就可以留在斯坦福大学工作了。她说，“有一定的难度，他是土博士（在国内读的博士），不过留在美国找一份工作还是可以的。现在我没有工作，再加两个孩子，光靠丈夫在博士后站的工资，一家人生活有点难。”

接着，她补充说：“不过，我们已经申请了政府救助金，住廉租房，这样生活还可以。”

我在美国了解到，目前中国一些年轻学者以进美国大学博士后流动站工作的方式进行移民或者多生一胎的情况很多，以后就算回国的话，也是“双丰收”。

在说话期间，来了一辆Y路校园公交车，她让我们和她家人一起上车。车上除了我们两家人之外，再没有其他人。在车上她告诉我们，“斯坦福大学校园的公交车对任何人都是免费的，在校园内任意车站都可以上，每隔15分钟一趟车。刚才的车站是Y路和X路公交车经过，你们一会儿回去时，记着这两路车就可以了。”

我问她总共有多少路校园公交车，她沉思了一下说：“具体数字我不清

←斯坦福大学校园内的公交车

楚，大概有七八路吧，除过X、Y路外，还有S、T、W路等。”

看着风景如画的校园美景从车窗掠过，我们很兴奋。车到校园中心广场（Main Quad）一站，那位年轻妈妈提醒我们下车，说这里风景最好，每年夏天来旅游的人也多。我们说着感谢话，和她们一家人告别。

斯坦福大学校园被认为是美国三个最美的校园之一，另外两个是康奈尔和普林斯顿。走在校园里，呼吸着清新的空气，感受着自由之风轻轻拂过脸庞，很舒畅。

在路上，我们不时遇到一群又一群游人，在学生导游的带领下从校园走过，学生边走边给游客介绍。他们面向游客，倒退着向前走，以这种方式行走有一定难度。

这里每天都有免费的campus tour，游客可以按时到游客中心（visitor center）集合，然后由学生带领游览。

中心广场（Main Quad）是斯坦福大学的主要部分，由椭圆型绿色大草坪组成，草坪中间是一组红色花儿围成的圆形花坛，在绿色的衬托下，格外醒目。椭圆形草坪四周是星罗棋布的学院，有地学院、教育学院、工学院、法学院、医学院等。再往外，就是斯坦福大学的科学园区、植物园、高尔夫球场和若干个科学试验场。

↑斯坦福大学校园的中心广场（Main Quad）

↓斯坦福大学校园的棕榈树

斯坦福大学校园的树很多，也很粗很大。最耀眼和吸引人的是校园大道两侧的棕榈树，棕榈树两旁各是一大片森林。在蓝天白云的映衬下，这些棕榈树直挺而立，树顶端的叶子自然伸长，好似迎接着远方的客人。

校园内，游客的视线所及之处，都是面积很大的茵茵芳草地，芳香的气息撞击得游客心动，便不由得坐下来，躺下来，亲近它们。轻轻地闭上眼睛，尽情地享受着芳草地的抚慰。全身心舒服极了，畅快极了……这一坐一躺，真是再也不想起来了。突然，身边窜出一只小松鼠，惊得你大呼小叫地跳起来，与松鼠逗乐。

斯坦福大学校园的建筑多是三四层楼高，掩映于葱郁的树木中，很静谧。这些建筑多是十七世纪西班牙传教士教堂风格。屋顶呈三角形，屋顶的瓦是红褐色，石墙是砂质土黄色。一栋建筑物与另一栋之间用拱廊相接，布

斯坦福大学校园的拱形建筑

局很巧妙，富有情趣，充满了古典特色与现代艺术相结合的美，渗透着浓浓的文化和学术气息。

蔚蓝的天空、红褐色的古典建筑物、青青芳草地……构成了一幅幅让人难以忘怀的图画。

而我此行的目的是去斯坦福大学图书馆寻找中国文化。于是，我恋恋不舍地离开了这些美景。在路边，我拦住一位腋下夹着几本书、迈着匆匆脚步的外国男学生，问他去图书馆的路怎么走，他笑着问我："你要找哪个图书馆？"我只好反问他："斯坦福有几个图书馆？"

"大约有30个。"他回答，"图书馆藏书有七八百万册，是美国的第二大校园图书馆，全电脑管理。"

我大吃一惊，真难以相信自己的耳朵，还以为自己听错了。然后我解释，我要查找关于中国书法与绘画方面的资料。他告诉我，必须先到斯坦福大学最大的图书馆Green Library（格林图书馆）办理相关手续，还详细告诉了

↑斯坦福大学的威廉·亨利·盖茨计算机学院

我具体路线。

在途中，我们看到斯坦福的一栋建筑物，叫威廉·亨利·盖茨计算机学院。相传盖茨当年在哈佛大学求学期间，一位老师没有让他通过考试，需要留级，盖茨一怒之下就辍学了。后来他创建了微软公司，成为世界首富。多年以后，这位老师到斯坦福大学任教，盖茨就为斯坦福大学捐款建楼，让这位老师日日目睹，以解昔日之缘。

根据那个男生提供的路线，我们没太费多少工夫就找到了Green Library的西门。在该图书馆门前，有一个圆形莲花状喷泉，水从莲花周围的花瓣之间流出来，泻在下面圆形的池子里。水池旁边有英文解释，该喷泉是为了庆祝斯坦福建校100周年修建的。

Green Library的大门与其他办公室门的大小差不多。推门进去，里面有一个圆弧形工作台，只有一个戴眼镜的中年白人在那里。我们说明来意之后，他热情地说：Welcome！并让我们在进门右边靠墙的一台电脑里填写一张申请表，打印出来，他审查之后就可以拿着这张申请表在任何一个图书馆借阅资料。

←斯坦福大学Green Library门前的莲花状喷水池

我在旁边照看小女儿，妻子去操作。她很快操作完后，递给我一张黄色A4纸，抬头写着“Stanford University Library Courtesy Pass”，下面还有识别的条形码。

那位工作人员查看了我们的护照后，把它再与电脑的内容对照了一下，在黄色表格上用笔画了几个痕迹，就让我们进去了。而我们的女儿就不必办理申请表，还有她的手推车也允许带进去。我心里想，多人性，多宽容呀。

过了检测通道，迎面是几十级大台阶，可能寓意“书是人类进步的阶梯”。上了台阶，是二楼的圆形大厅，周围的墙上挂着一些油画和照片，庄严又辉煌，使人顿生神圣之感！就连平时无论到哪里都活蹦乱跳的小女儿，也安安静静，好奇地睁大眼睛，东瞅西望，小声问妻子这是什么，那是什么。

Green Library的规模很大，共有七层，分东区和西区，藏书种类与数量都很丰富。每层楼靠北边是阅览室，供学生看书学习。阅览室里有很多电脑，可以自由上网。还有教授与学生讨论问题的Discuss Room和教授的专用工作

→斯坦福大学Green Library内的读书室

室。在这里，感受到的不仅仅是知识，更显示一种气质。

我们在Green Library没有逗留多长时间。出门时，我们对工作人员说，还要去找“Art Library”，他就给了我们每人一张斯坦福大学校园图书馆的地图，上面清楚地标明每一个图书馆的具体位置。从地图上我才知道，我要找的是Art And Architecture Library（艺术与建筑图书馆）。另外，从图书馆的命名可知，它们多数是以捐赠人的名字命名的。

我们从Green Library出来之后，拐过了几个弯，穿过一片树林，来到了Art And Architecture Library，前台有三个年轻女性工作人员。其中一个穿黑色T恤衫的女生接待了我们。她先查看我们在Green Library办理的通行证，又看了我们的护照，然后问我们需要查找什么资料。

我说需要查找与Chinese Calligraphy（中国书法）有关的资料，她把我们带到工作台前面的一个电脑旁边，让我输入需要查找的书名，我就输了Chinese Calligraphy，让我佩服的是电脑上显示库存有600多套。我顺便点了一本明代书法。她给了我一个编号，让我们穿过右边的通道，到地下二层去找。

进入地下二层，里面没有其他读者。我们看到一排排摆放整齐的铁皮书柜。按照编号，倒数第三个柜子是我要找的，但是所有的柜子挨在一起，不知道怎么打开。

妻子忽然看见柜子侧面有一个黑颜色、带着两个手柄的小圆轮，我试着握住两个手柄顺时针转了一下，感觉不费力。奇迹出现了，在外力的作用下，柜子慢慢地向两边移动。我要找的书架慢慢闪现出来，就像阿里巴巴打开了地下宝藏一样，让人欢喜。

女儿看到这种装置，觉得很稀奇，学着我刚才的样子，双手吃力地摇着别的书柜上的小圆轮，书柜竟然也动起来。

斯坦福大学图书馆的这种藏书设置我在国内图书馆没有见到过，就仔细

→斯坦福大学的艺术与建筑图书馆带滑轮的书柜

观察书柜下面的结构，才发现每个柜子的底部都安装有滑轮，所有滑轮固定在一个轨道里。每一个柜子侧面有数字编码，读者依据编码，找到书柜后，转动柜子侧面的黑色圆形手柄，柜子就前后移动，这样，两个柜子之间形成了一个通道，读者就可以进去查找资料了。

在打开的书柜里，我看到该馆所藏关于中国书法的资料比较齐全，全部是中文版，既有经典书法资料，如《中国书法史》，包括秦、汉、唐、宋、元、明、清以及近现代的分卷本；还有专题性书法研究资料，如甲骨文、隶书、敦煌书法等；也有历史上书法家个人的专题研究资料。令我诧异的是，该馆收藏资料的前沿性。特别是近几年国内刚出版的一本关于敦煌书法研究的博士论文，也被收藏在内。而这本书我是2011年才买到的。这说

←我在斯坦福大学的艺术与建筑图书馆查找资料

明，该大学研究中国书法艺术的学者一直关注着中国的最新研究成果。另外，我还注意到，该馆还收藏有亚洲其他国家，如日本、韩国、朝鲜等国的艺术资料。

在带有轨道书柜的右边，靠墙有一排书架，上面摆放着许多关于中国绘画方面的资料。同样是既有国画的经典史料，也有个人的专题研究和某一画种的研究资料，还有现当代画家的资料。我随便翻开一本介绍现当代画家的书，里面收录有齐白石、李可染、徐悲鸿、吴冠中等人的画作及其个人介绍，中英文对照编排。

由于我博士论文研究的内容与中国造像碑记书法有关，我在翻看资料时，让妻子上楼在电脑里输入 Chinese Statue Steles Calligraphy (中国造像碑书法），看能否有这方面的资料。一会儿，妻子下来说，电脑里找不到。

从楼下资料室上来，刚才接待我们的那位工作人员有点不好意思地连说了两遍Sorry，还建议我们去斯坦福的东亚图书馆看看有没有中国造像碑的资料。

出了Art And Architecture Library 的大门，我和妻子一直感叹着，为什么斯坦福大学艺术图书馆就收藏有这么多关于中国书法和绘画的资料，这不正说明了中国书画文化的影响力巨大吗?

但是，我的心里也感到丝丝不安，为什么我所在的大学以及国内的一些综合性大学，所藏关于中国绘画和书法的资料并不是很多，更不用说收藏国外艺术研究的资料了。我不由得想起了斯坦福大学第一任校长戴维·乔丹在建校之初曾经写下的感慨：“一个伟大的图书馆是建立一所伟大学府的必然要素。”

在寻找东亚图书馆的路上。我们去了胡佛塔（Hoover Tower），这是斯坦福大学的地标建筑，高285英尺，共14层。从第14层的瞭望台可以看到校园全景。该塔1941年完工，是为纪念该校第一届毕业生、美国第31任总统赫伯特·胡佛(Herbet Hoover)而建，并以 Hoover 的名字命名。

↑斯坦福大学的胡佛纪念塔

胡佛总统和他的夫人都毕业于斯坦福大学。该塔的第一层右侧为胡佛纪念馆，左侧为其夫人罗·亨利的纪念馆。在这里，我看到了许多中国瓷器。里面有花卉开口梅瓶、彩绘霓裳美女飞天瓷盘、菊花瓶等。原来，胡佛总统的夫人十分热爱中国的青花瓷，所以收藏很多。在这里，我还看到一些中国国画。

←斯坦福大学胡佛纪念馆内的中国青花瓷

接着，我们还去了胡佛研究院（Hoover Institution），全称为“胡佛战争、革命与和平研究院”（Hoover Institution on War、Revolution and Peace）。

1919年胡佛拿出5万美元，在母校斯坦福大学建立了研究所，最初的目的是收集、研究第一次世界大战和苏联十月革命的文史资料，如今，胡佛研究所已发展为“有关20世纪政治、经济、社会和教育方面变化的国际性资料研究和出版中心”。它以保守著称，被视为“右翼思潮的思想库”。

胡佛研究院为世界瞩目且被学界公认，是除了中国大陆和台湾之外全球收藏中国近现代史档案资料最丰富的档案馆，藏有相关史料500余种。最具有珍藏价值的是民国时期的许多孤本档案，如蒋、宋、孔、陈四大家族的史料，包括蒋介石、宋美龄、宋子文、蒋经国等的日记，其中蒋介石日记55本，宋子文的档案共计66盒；也有中国近代史上著名人物的档案，如陈独秀、胡适等；还有与中国历史有关的美国知名人士的资料，包括在华传教士、医生、商人等的历史记录档案，如美国驻华大使司徒雷登、记者斯诺等。这些独一无二的文献是研究中国近现代史的重要资料。

由于中途耗费的时间太多，我们已经没时间去东亚图书馆了。回来之后查了相关资料才知道，那里也收藏不少关于中国哲学、史学以及宗教方面的资料，还有中国佛教塑像等。

另外，我还了解到，从2011年冬季开始，斯坦福大学已经新设了中国少林功夫课，专门请来少林寺的师傅执教。这一课程属于斯坦福大学“健康促进计划”项目的一部分。上课地点是医学院办公大楼后面的一个庭院，每周上课一小时。 由于我们去的时候，正是学生放暑假的时间，没有看到授课情景。

由于时间安排，我们在斯坦福大学没能好好游览，虽留遗憾，但在已有的游历中也得到些许感悟。我相信，每一位到斯坦福大学游览的中国人都有自己的感受。有人领略了该校美丽的风景，有人见识了该校的大气，也有人感慨该校的建筑……而我在这种如画的风景下，却有另一番感受——

斯坦福大学的美丽校园和独特的建筑，显示出它深厚的文化积淀。但让我们难以理解的是，为什么仅有区区几百年历史的美国，在教育上显示出的厚度和包容度，却远远超出其民族本身所拥有的历史厚度和历史容量？他们对外来文化的收藏、研究、吸收是那么全面和迅速。

或许，这就是美国不断崛起、领先世界的原因。

而我们泱泱五千多年的文明古国，在历史传承中为什么会积累断裂，出现缺失？同时，我们真正对外国的文化及历史收藏了多少、研究了多少、又吸收了多少？确实不好回答。

在当今世界竞争日益激烈的情况下，面对“狼”的威胁，我们只有全面认识它、了解它，才能与之共舞。否则，只能被“狼”撵着跑。

11

我的小挎包丢在了迪士尼

二〇二三年於之圖
海邊漁村
岳紅記

2012年6月26日我和妻子带着女儿去美国洛杉矶的Disneyland Park（迪士尼乐园）玩。当天，我随身背的小黑包丢在了迪士尼，差点被“黑”在了美国。

当时我们租住在洛杉矶一家华人家庭旅馆里，这家的男主人早上把我们送到迪士尼公园的门口，就回去了。

之后，我们随着四面潮涌而来的人流进入迪士尼门前的广场。只见广场的每一根灯柱上，装饰着印有迪士尼卡通图案的喷绘招贴，很吸引人的眼球，也增加了游客的欲望和兴趣。

→洛杉矶迪士尼乐园门前

洛杉矶的Disneyland分为两部分，分别是Disneyland Park（迪士尼乐园）和新开的Disney’s California Adventure（加州迪士尼冒险乐园）。Disneyland Park修建于1955年，主要是孩子们玩；Disney’s California Adventure建于2001年，主要是成年人玩。两个游乐场遥遥相对。

我们选了Disneyland Park(迪士尼乐园)。妻子去买票，我带着女儿在旁边等待。此时我看到几个美国小朋友坐在广场的水泥地面上，还有两个年轻女子，一个靠着灯柱坐在地上，一个平展展地躺在地上，把小包放在胸脯上。我想，在国内，再有个性的女孩也不会这样做。于是，我伸手摸了摸地面的水泥方砖，举起手仔细看，真让人难以相信，竟没有一点灰尘。其实，洛杉矶的空气在美国还处于比较差的水平。

←女儿在洛杉矶迪士尼乐园门前

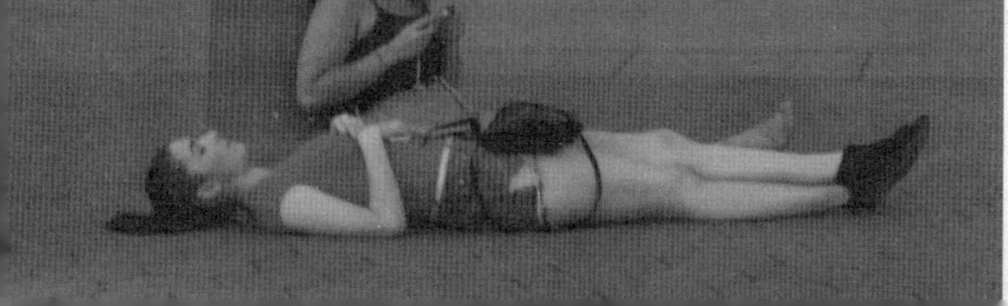

←在洛杉矶迪士尼乐园广场上休息的女孩

妻子买了票之后，我们用手推车推着女儿排队进入。只见乐园前面广场的草地上，有可爱的Mickey雕塑张开双臂迎接每一位入园的游客。这里有20世纪中期的City Hall、Opera House等。当两个真人装扮的卡通人物出现在孩子们的面前时，游园的人群随即旋起了高潮。孩子们大声叫着他们的名字。于是家长们纷纷领着孩子们排队，要和站在墙边屋檐下的这些卡通偶像合影并索要签名。

妻子也带着女儿去排队。我看见队伍里的每个小朋友都很兴奋，他们准备好了本子让米老鼠签名。我把双肩包放在折叠手推车上，丢在一边，随意拍了几张照片。轮到女儿时，她微笑着走上去接受米老鼠和大狗的拥抱。之后我们一家三口与他们合影。合影之前，为了效果好一点，我就把自己随身携带的小挎包取下来，放在旁边。

合影完毕，我们一家人乘坐公园里的小火车直接来到园区后面，因为那里有更多孩子们喜欢的项目。依照游览图，我们陪女儿玩了飞越太空山、

→大人领着孩子们排队与卡通人物合影

→我们一家人和卡通人物合影

↑迪士尼乐园内人山人海

↑迪士尼乐园内旋转的餐具

加勒比海盗船、洪流涌进、过山车、童话城堡、米奇卡通城、旋转的餐具等。这里的游客人山人海，有的项目体验需排队等候30多分钟。在这里，我感到自己知识贫乏得还不如女儿。看来，每一个年龄段，各有各的知识，只可惜时光不能倒流呀。

当我们看完灰姑娘的歌舞表演后，出来坐在一棵大树下休息，此时，我才发觉自己一直背着照相机，而不是随身的小挎包。

我吓懵了！包里面有我的护照、钱包及其他物品。如果护照丢了，在美国寸步难行，回国也是问题。拿什么来证明我的身份呢？我赶紧告诉妻子挎包不见了。

于是，我们先到刚才看灰姑娘表演的地方仔细找，没看见我的包。之后问询里面的工作人员，他说也没有见到。但他用电话帮我们联系了总服务台，问询是否有人捡了小挎包后交到那里，结果还是没有。于是，妻子看着女儿，我回到之前我们玩过的几处景点，找管理人员咨询，每个景点的结果都一样——没有。

我真想不起来自己是在哪里把挎包取下来的。我一向总认为自己做事非常认真仔细。情急之中，妻子建议我看看相机里面的照片，看是否能找到一点线索。当我把照片翻到刚进园和米老鼠合影的图片时，忽然想起来了。就丢下妻子和孩子，向门口奔去。

心里终于有了一丝希望，我一路小跑不停地祈祷愿上帝保佑我。公园好大，又不熟悉地形，心急得出不去，不得不问路。半小时后，我终于来到了上午和米老鼠合影的地方。

我傻眼了。米老鼠不见了，他们在12点以前就停止了活动。我的背包也没有一点踪影。

我彻底失望了，像一只泄气的皮球，完全蔫了。顾不了那么多的人，我扑通一下子坐在地上，真想抱头大哭一场。

但我知道，这不是解决问题的办法，嘴里不停地重复，怎么办？怎么办？20分钟以后，我终于缓过气来。决定到上午和米老鼠合影时旁边的房子里碰一下运气。

里面的一个男性工作人员接待了我。他让我等一会儿，便叫来他们经理。经理是个胖子，穿黑西服，系条纹领带，个子高大，戴金丝边眼镜，

→找到小挎包后和迪士尼乐园管理人员合影

圆胖的脸红扑扑的，像是喝了酒一样。其实他本身就是这种酒糟红皮肤。

他问了我的名字、包的颜色，而后让那位工作人员从后边拿出来一个小挎包。我一眼就看出那是我的包。激动、兴奋得真想抱住他亲两口。他说上午“米老鼠”下班时，发现了这只小黑包，就交回了。想着一定会有失主来领。我高兴地一直说谢谢，除此之外，真不知道用什么更好的语言来表达我当时的感激之情，只和这位工作人员合影留做纪念。

心中的不快和担忧一扫而过。见到妻子时，她问我找见了没有。我把小挎包装进了双肩包里，沮丧着脸，故意说没有。但还是让她看出来。她说，别装了，你脸上的神色和刚才就不一样。我笑了，只好承认找到了。女儿听到这消息后也乐了。悲喜交加的心情真让人难以适应呀！

于是我们继续游玩。到了晚上6点钟，卡通花车游行开始了。公园内的道路两旁拉起了一条白色绳子，游客们聚集在绳子之外，有的席地而坐，有的站在后边，兴致勃勃地观看游行演出。夜色渐浓，城堡里和路旁商店内的灯光相交辉映，增添了热烈气氛。随着一首经典卡通音乐的响起，游行的花车终于出场了，在童话书里看过的各种经典动画片，如《白雪公主和七个小矮人》、《爱丽斯漫游奇境记》、《灰姑娘》、《美女和野兽》……都来到现实里。伴随着相应的卡通音乐，卡通明星们微笑着边走边舞，还不断地和路旁的游客们互动。场面很壮观，让人难忘。

→迪士尼乐园的卡通花车游行

游行演出结束后，就是9点钟的水幕电影和焰火表演。这样的氛围再次将迪士尼童话的欢乐推向高潮。着实太棒了，只见美丽的烟火腾空而起，映红了上空；水幕电影上演的童话王国，立体得活灵活现；海盗船的表演将游客带入了神奇的境界。这些活动一直持续到凌晨12点结束。

一天的迪士尼之游就这样结束了。还是华人家庭旅馆的男主人接我们回去。

回到住处，妻子和女儿已经睡熟了。虽然很累，但我还是睡不着。白天丢包的一幕仍在我脑海挥之不去。失而复得，可喜可贺。我不由得想起2003年自己也丢失过一次书包的经历。

当时，我在西安的一所高校读研究生。一个冬天的傍晚，上自习结束后大约6点多，我到学生食堂吃晚饭。食堂的学生不是太多，我顺手将书包放在一个座位上去打饭。前后只有五六分钟，回来时，书包不翼而飞。我惊呆了。问了旁边其他几个同学，说看见有个学生背个黑色书包出去了。我赶紧追出去。外边，一片漆黑，哪里还有踪影。

我的书包里有一部手机，一台学英语的单放机、银行卡和几本书，就是没有多少现金。那天我恰好把钱花光了。恼怒、沮丧、愤恨……全部向我袭来。

后来，我还在校园里张贴了“寻物启示”，没有任何消息。两个月以后，我的书包找到了。一天上午下课后，校园教室管理处的工作人员打电话让我去看一个书包。经过辨认，就是我的。他说是打扫卫生的工作人员在教室发现后交回来的。但是，里面除了书和相关证件之外，其余能变成钱的东西都不存在了。这些对我已经没有多大意义了。因为书包新买了，书新买了，证件也重新办了。所以，那只书包还是被我扔掉了。

思来想去，我还是不能入眠。我知道，迪士尼已经是风靡全球的文化产业典范。它最初的创意萌芽来自于已故卡通大王华特·伊利亚斯·迪士尼（Walter Elias Disney）。因为他的女儿小时候每逢周六，总要吵着爸爸坐在长椅上给她讲一些新奇而有趣的故事。于是迪士尼灵机一动，为什么不建造一座家庭式的乐园，使家庭的每一个成员都能够参与享受欢乐时光呢？1954年以前迪士尼乐园所在地还是一个种满了橘子树和胡桃树的小果园，而在1955年7月17日变成了一个占地230英亩的、让孩子得到快乐的场所。从那时起，一个全新的娱乐概念“迪士尼世界”在美国、法国、日本等国家被复制，与迪士尼有关的电影、娱乐玩具、服装等文化产品成了世界各地小朋友的最爱。

我想，世界上的爸爸很多。每个爸爸都给自己的孩子讲过故事。为什么他们没有从故事中受到启发，产生灵感与创意，并做出不凡的业绩呢？看来，孩子们的世界是最美的世界，也是容易产生灵感的世界。

那天晚上，我做了一个梦，梦见自己带着女儿在飞，但不知道飞向哪里……

12

体验好莱坞环球影视城

山坡上的小屋
岳红記畫

美国西部加利福尼亚州的洛杉矶由88个城市组成，好莱坞(Hollywood)只是隶属于洛杉矶市的一个小镇，但它是世界电影的轴心，也是人类造梦的机器。好莱坞并非一家电影公司或制片厂，而是当地电影产业的总称。

1886年房地产商哈维·维尔克特斯在洛杉矶郊区买下了一块地，他的夫人将从苏格兰运来的大批冬青树栽在这里，从此，就有了好莱坞这个名字（在英语中，Hollywood是冬青树林的意思）。1907年导演弗朗西斯·伯格斯带领他的摄制组来到洛杉矶，拍摄《基督山伯爵》。他们发现这里自然风光明媚、光线充足，适宜的气候是拍摄电影的天然场所。从1909年开始，著名制片人格里菲斯在好莱坞以天然背景拍摄了好几部影片。当时，美国电影的中心在东部，纽约是大本营。从此以后，许多电影公司纷纷来这里拍片，开始了美国电影业移师好莱坞的大转移。从1912年起，许多电影公司陆续在好莱坞落户，著名的有米高梅公司（Metro Goldwyn Mayer，简称MGM）、派拉蒙公司（Paramount）、二十世纪福克斯公司（20th Century Fox）、华纳兄弟公司（Warner Brothers）、雷电华公司（Radio Keith Orpheum，简称RKO）、环球公司（Universal）、联美公司（United Artists）、哥伦比亚公司（Columbia Pictures）等。

到1928年，这里已形成了以派拉蒙等“八大影片公司”为首的电影企业

←好莱坞环球影城门前的雕塑

阵容。三四十年代是好莱坞的鼎盛时期，一些电影公司生产的许多优秀影片成为电影史上的代表作，并使美国电影的影响遍及世界。同时，好莱坞也发展为美国的一个文化中心，众多的作家、音乐家、编剧、影星及其他人士汇聚于此。第二次世界大战后，电影制片厂陆续迁出，许多拍片设施闲置或转手电视片制作商。20世纪60年代初，好莱坞成为美国电视节目的主要生产基地。

位于好莱坞市区内的好莱坞环球影城（Universal Studios Hollywood），因其是世界上最大的电影、电视制片厂和以电影题材为主的主题公园，而成为当地最著名的旅游景点之一，凡是游客到洛杉矶后，必到此旅游。

2012年6月28日早上，我们带着女儿去游览好莱坞环球影城。

严格意义上来说，环球影城是美国环球电影制片厂下属的主题公园，它依山而建，占地420英亩，共有48个摄影棚，影城由上园区与下园区组成。上下园区之间用手扶电梯连接。上园区建在丘陵上，下园区建在一大片洼地里，洼地的边缘是起伏的山脉。下园区分为两部分，但两部分旅游区之间没有相互连接。下园区的一部分是体验50分钟的电影之旅，另一部分是体验变形金刚、过山车、遨游太空、木乃伊复仇等项目。

我们到影城时，看见门口有一组拍电影的雕像。进入里面，已是人山人海。有些节目需要等候半小时才能轮到。加州的夏天，骄阳似火，幸亏影城内到处都有喷雾为游客降温。

我们先进入恐怖屋（House Horrors），里面有拍电影的怪兽、魔鬼尸骨等道具，个个面孔狰狞，再加上嘶声裂肺的音乐，令人毛骨悚然。之后，我们在水上世界(Water World)看了一场真人表演的融打斗、枪击、特技、杂技等为一体的英雄救美的表演，整个过程热闹、刺激、动作惊险。只见汽油弹引燃后的火焰腾空而起，演员相互之间的枪击甚是惊险。场面火爆，游客们看得目瞪口呆，很是过瘾。

之后，我们在上园区乘着右边的手扶电梯去体验环球影城中非常有趣的项目——亲历各种惊险刺激的电影场景制作过程。到了下园区，游客在S形的过道里排队等候，大家走走停停、慢慢地往前移动。我们在这里排队等候了1个小时，才坐上电瓶车出发。上车前工作人员让每人领一副3D眼镜。

当电瓶车在一个个摄影棚之间穿梭时，我感觉就像穿行于一座座仓库之

↓好莱坞环球影城中的水上世界项目

间。

当车子进入峥嵘狞厉的山洞口时，导游提示游客带上3D眼镜。进入洞中，车子暂停。游客一下子仿佛置身于原始森林。35英尺高的霸王恐龙和金刚在车顶上殊死搏斗，左右腾跳，观光车被颠簸得侧在峭壁间上下晃荡，摇摇欲坠。

电瓶车好不容易出了洞，游客看见路边有一溜汽车、坦克道具。接着，电瓶车来到一个小镇，随着一声惊呼，暴雨刷刷而来，远处一股翻腾的山洪顺坡而泻。很快，小镇的房屋、树木、电线杆等被大雨笼罩。小路被洪流淹没。洪流还势不可挡地直奔游览车而来……游客惊呼起来。这里演示了倾盆大雨和洪水袭来的逼真特技。当游客们还没从惊愕中缓过神来，大雨又倾泻而来。

过了小镇，我们看见了一大片废墟，真飞机的残骸坠为三截，废旧的汽车及其他杂物凌乱地堆放在一起，好似世界末日的到来。

当车子通过湖上的老旧木桥时，桥面突然骇人地塌陷，好不容易勉强绕

←在好莱坞环球影城，电瓶车载着游客体验电影的制作过程

→好莱坞环球影城中被暴雨袭击的小镇

→ 好莱坞环球影城中的飞机残骸

←好莱坞环球影城中汽车爆炸的电影道具

至对岸，却见几乎“断”成两节的桥面正在自动上升、复原。

随后车子继续前行，进入一个摄影棚，两边有道路、站台和列车等，突然地震了，地动山摇，桥塌车翻，地面开裂，四周起火。只见站台上杂物乱滚、广告灯箱爆裂，伴随而来的是冲天的火光和震耳欲聋的爆炸声。导游介绍说，这间摄影棚全部由电脑控制，可以在几十秒内重来一次。

出了摄影棚是一片平静的湖面，谁知一条大白鲨尾随而来，不远处还有正在熊熊燃烧的汽油桶。此刻，在离对岸还有一段距离的水面上，情况很是危险。谁知导游一声口令，湖水分开退去，露出地面让车子通过，如同具有法力一般。之后，车子开进了影城中的一片布景街区。在这儿可以领略好莱坞电影中出现的世界各地的建筑景观。

体验了电影场景的制作过程之后，我们乘手扶电梯又回到上园区，穿过其他几个景点后，在上园区的左边乘坐手扶电梯，又下到下园区的另一边，分别体验了变形金刚、过山车、木乃伊复仇、遨游太快、侏罗纪公园等其他项目。直到天黑，公园关门时，我们才离开。

体验好莱坞环球影城的一天可以说是惊险刺激的一天。

这就是美国的影视文化产业，也是美国最引以为自豪的产业之一。这几天看了迪士尼乐园和好莱坞后，我不由得想起最近十几年中国文化产业的发展。

“文化产业”一词在国内是个高频词，它常常出现在各种会议、媒体及领导的工作报告中。中国文化产业的概念在20世纪末期开始出现，文化能不能当成产业发展，当时的争论很大，于是媒体开始介入，学者通过撰写相关的论著及论文进行论证，还把美国的好莱坞、迪士尼等国外文化产业的成功案例作为论据，结论是文化不但可以发展成产业，还可以为GDP做贡献，拉动内需等。到21世纪初期，国人终于形成了统一认识——文化可以当产业发展，还把大力发展文化产业写入政府的工作报告中。

于是，文化产业在中国蓬蓬勃勃地发展起来。全国各地开始发掘历史遗迹、遗址和历史文化名人等文化资源。有些地方政府之间为了争建名人故居还打起了口水战；有的地方把历史上的秦桧以及小说中的西门庆等名人，也作为文化资源进行开发。有了文化资源后，地方上还邀请了当代的一些文化名人对其进行论证，以保护文化资源的名义开始立项。项目审批下来后，在古人留下的文化遗址上圈很大的地盘，建很大的广场。随之，一排排飞檐翘首、雕梁画栋、廊曲回旋的仿古建筑拔地而起。之后，在其周边又圈了更大一块地，开始做房地产项目开发。有旅游资源的依托，这地方的地价、房价翻了好几倍。文化产业就这样轰轰烈烈搞起来了。全国各地，大同小异。其思路是先做文化旅游，聚人气，再做房地产，这样，就形成了一条产业链的发展模式。

这就是中国模式的文化产业。其实在中国老百姓的眼里，认为发展文化产业就是靠发掘老祖宗留下来的文化遗产发展经济。

通过对迪士尼、好莱坞的体验，我对文化产业的认识更加深刻——

美国的文化产业，主要是以影视业为主要内容。无论是好莱坞还是迪士尼，做旅游只是一部分，更主要的是在此基础上发展起来的影视产业，然后在影视产业中衍生出其他系列产品，如迪士尼开发的系列儿童玩具、服装以及家庭厨房用具等产品。他们始终如一地把一个产业做强、做深、做大，使其最终做成世界顶尖级项目，而不是借文化之名来发展其他产业的“醉翁之意不在酒”的做法，也不是文化处处开花，争先做产业。

高科技是文化产业发展的核心驱动力。无论是迪士尼还是好莱坞，在文化旅游项目的设计和策划中，都融入了现代高科技成分。以声、光、电和现代化的数字技术还原童话故事、历史人物以及太空遨游等场景。让游客在掌握知识的同时，获得了高度体验。当前中国的文化旅游多是陈列室展览，难以得到游客的认同，因为他们没有获得多少体验。

创意是文化产业的源泉。美国文化产业的每一个项目，都具有超强的创意。目前中国的文化产业缺乏创意，雷同项目很多，大家在互相模仿甚至抄袭。比如，目前中国的古城很多，都在发展旅游业。仔细观察，所有古城的建筑、装饰、规划相似度极高。

可以说，当前中国的文化产业正在剑走偏锋。好多地方的文化产业项目在具体实施中并没有从文化的本身去思考、去发展，更谈不上遵循文化发展规律和产业发展规律。发展文化产业都是忙着上项目、挖老祖宗留下来的文化资源。这实际上是对文化的一种破坏。几年前，某省政府官员曾经提出，让地下的文物走出来，让地上的文物活起来，文化产业才能火起来。该观点值得商榷，仔细思考一下，要发展文化产业就一定得挖掘祖先留给我们的文化资源吗?

看来，我们需要真正了解国外文化产业的内涵，才能更好地发展自己的文化业，切不可盲目跟进，东施效颦。

13

行李箱损坏后的索赔

美国原始
森林一角
二〇一五年

美国有一种叫灰狗（Greyhound）的长途商营巴士，客运于美国、加拿大和墨西哥之间。该公司1914年在美国明尼苏达州希宾市开业，1929年发展为有限公司，总部现在位于德克萨斯州的达拉斯。

灰狗公司拥有2200辆巴士运行于整个北美地区，在美国有遍布各城市的运营车站，在一些小镇都有候车点，有的甚至就在公路边等候。多数车站的

→美国的灰狗巴士

营业点小得可怜，只是几间房子，设施很简陋，等车的人也是稀稀拉拉的几个人。真让人难以相信，这就是美国的长途汽车站。

灰狗巴士的车身上写着“greyhound”，有的车身是天蓝色的底，有的车身是白色的底，上面画着一只灰颜色、长脖子细腰、飞奔着的狗，意为跑得快。

这种车，车身高大，下部装载行李的仓储空间很大。车厢内部座位宽敞，每个座位靠背均可调整角度，让乘客舒服地躺下歇息。车窗采用特制玻璃，从车外望去里面黑黝黝的，从里向外看却是清清楚楚。车内有空调设备，每个座位旁有调节角度和亮度的小灯。最方便的是车身尾部还设有厕所。

在美国旅游，乘灰狗巴士既方便又便宜。与乘飞机相比，它的价钱要便宜一半；与开小汽车相比，它可以免去自己动手开车、搬运行李之劳等。

许多美国人出行会选择飞机，但对于手头并不宽裕的人而言，便宜的灰狗巴士是长途旅行的最佳选择。尽管灰狗巴士的车票便宜，但因乘客层次参差不齐，使得卫生状况不好，有时不准时发车，再加之车上多是一些中下层人、黑人和墨西哥人等原因，多数讲究的美国人不大愿意乘坐灰狗出行。

2012年6月29日我们一家人早上8点从洛杉矶出发，乘坐灰狗去世界上著名的赌城拉斯维加斯。

我们在洛杉矶城郊外的一个车站等车。车站是一座独立且面积不大的平房，门前有一个小停车场。候车厅很小，进门处就是服务台，里面简陋得只摆了两张条形木质沙发。车站有5个人客人等车，4个老人和1个年轻黑人。当灰狗巴士驶过来后，我看见车里已经坐了10多个人。因为这里是沿途站，灰狗只停留5分钟，司机到里面办完手续就上路了。

灰狗载着我们穿过城市公路后，上高速行驶有40多分钟，来到一个小镇上，这儿是一个相对比较大的车站。灰狗再次停留了15分钟。

车站门口，站着两个腰间挎手枪的警察，一胖一瘦，很是悠闲。司机下去再次办理了手续，又有十几个乘客排队上巴士。上车前，车站安全人员对每一位乘客及行李进行了安检。他们的行李箱由司机负责装在车身下的货舱里。

在等候期间，我透过车窗看见车站旁边一栋建筑物的房顶很有创意。房顶上雕有运动场面的造型，骑自行车、摔跤、溜滑梯，竟然还有人把汽车开到了屋顶……斜坡型的屋顶、绿色的屋檐，与粉红色的墙壁交相辉映。鲜艳夺目，甚是好看。

房屋旁边用钢架焊接了两个同样高的圆锥型建筑物，在圆锥型建筑物旁边是一个球冠形建筑，体面用的是米色石。这组几何形体的建筑物，一个是圆形线条，柔和多情；一个是直线型线条，刚直强劲，它们之间的搭配很是和谐完美。整个建筑掩映在周围绿色的树丛中，很有诗意感。也不知道这栋建筑是用来做什么，赶在汽车发动前，我拉长了照相机镜头，拍了几张照

↑洛杉矶附近一小镇居民房的建筑屋顶

↑莫哈维沙漠（Mojave Desert）里的高速公路

片，离别时还忍不住多看了它几眼。

之后，“灰狗”才正式上路，撒腿放开跑了，不一会儿它就进入了内华达州莫哈维沙漠（Mojave Desert）腹地的荒漠区。

莫哈维沙漠位于南加州东南部，横跨犹他州、内华达州南部及亚利桑那州西北部地区，是一个面积57000平方千米的典型盆地沙漠，具有特殊的西部沙漠景观。从洛杉矶开车到拉斯维加斯有500多千米，要7个小时才能到达。其中大部分路段要穿越沙漠区。这里是典型的沙漠气候，昼夜温差极大，冬季严寒，一年很少下雨，全年雨季只有一个多月，年降雨量在50毫米–150毫米之间。

在蓝天白云下，沿途看不见一点绿色，只是一望无际的荒芜滩头，一直延伸到远处层层叠叠的山脚下。山脊、山凹、山顶......能露的地方都露出了赤褐色的皮肤，很粗糙，有的地方就像铲子铲过一样光。这种荒漠风景和我们在其他地方沿途看到的青山秀水、草木葱茏感觉完全不同 。

偶尔也看见一些小房子，却看不见人影，更加透露着荒凉的味道。在这种环境里，心情也变得旷达、豁亮。路边看不到一只动物出现，只有高速公路上行驶的汽车如同一只只猛兽在狂奔。幸好路边不时有映入眼帘的广告牌，为这无边无际的荒漠里增添了点亮色。

荒漠，一望无际的荒漠，再加之车窗外火辣辣的太阳，无论是开车的人，还是坐车的人，都容易疲倦。我慢慢地闭上了眼睛……

不知道过了多长时间，乘客被司机喊醒了。我还以为到拉斯维加斯城了。原来车停在一个小镇上，吃中午饭的时间到了。司机让乘客下去吃午饭，并休息40分钟。

休息区的停车场上摆放着十几辆过路车。这里的商场里卖服装、文具、快餐等，像美国的麦当劳、Subway等快餐这里都有。我们来到一家熊猫快餐

↓莫哈维沙漠高速公路边的广告牌

↓莫哈维沙漠小镇上的快餐店

（Panda Express）店，买了3份中国餐。在美国旅行时，多数中国人吃不惯西餐，就在此就餐。女儿通过标志一下子就认出了，兴奋地指给我们看。

美国的熊猫快餐属于中西合璧的餐馆，是由拥有数学硕士学位的程正昌先生创办。他出生于江苏扬州，在1973年与父亲一道远渡重洋，历尽千辛万苦来到美国，父子二人先在加州洛杉矶附近的帕沙迪纳市安家落户，经过几个月的四处打听和多方考察，最后用全部积蓄盘下一条老街上的一家小咖啡馆，经过简单改造装修后，创办起“聚丰园”中餐馆。后在此基础上经过30多年时间，发展成目前在美国35个州拥有820家连锁店的快餐帝国，成功在麦当劳和肯德基的老家安营扎寨，并打出了自己的一片天地。熊猫快餐店面的装饰颇具中国南方味道，让到了美国的中国人看着很亲切，心里产生丝丝暖意。

吃完饭后，我看见司机在门口等乘客，他是一个白人老头。处于好奇，我和他聊了几句，才知道他已经65岁了。从洛杉矶到拉斯维加斯7个小时的路程全是他一个人开，真让人佩服他的精力。后来我还了解到，美国的长途汽车运输司机多是一个人开车，一天能开四五百英里。

“灰狗”又跑开了。当我们的车超越一辆小汽车时，我看见司机一边跟着车里的音乐唱歌，一边用另一只手伴奏着。歌声、音乐声很大，传到了我们的车里。可能是为了缓解旅途一个人的寂寞或者劳累吧。

看着窗外无聊的荒芜景色，我又一次睡着了……

这一次醒来时，真正到了拉斯维加斯城。我看了表，是当地下午5点多。我怎么也没有想到，在灰狗车站，发生了一件令我们不愉快的事情。

下车后，当司机从车底部的货舱里取出我们的行李箱时，我发现箱子的一个轮子掉了，拉杆也断了。这一定是工作人员在搬运行李的过程中损坏的。因为在车站检查完行李箱之后，乘客就不用再管箱子了，由司机或者车站的工作人员负责将顾客的行李箱装上车。我费尽力气将沉甸甸的箱子拖进了候车室，别的乘客看着禁不住笑起来。

我对妻子说，到服务台去咨询一下情况，同时也可以了解美国对这种事情的索赔情况。妻子走到服务台前时，我看见她和一个黑人女性工作人员在交涉，那位工作人员满脸不高兴。一会儿妻子回来说，服务人员的态度不好，在她努力要求下，最后才给了一张表。先填写里面的内容，交上去一周后才有结果。我看了那张表，里面有一项内容是必须提供以前买箱子的有关票据。

看到这些复杂的内容，我们只好作罢。因为箱子是几年前在国内买的，票据早都不知道仍哪去了，即使有，谁也不会把它老带在箱子里以备索赔用；另外，一周时间我们也等候不起。旅游途中碰到这种事情真够倒霉的，只好认了。

记得在国内时，有一次我到陕西省工商局去办事，在聊天中，一位工作员透露，他刚处理了一起中国老太太关于机场行李箱损坏的索赔事件。这位老太太从新加坡看望女儿回来到达西安咸阳机场后，取行李箱时发现拉杆被摔断了。到机场服务处索赔时，工作人员要求她拿出买箱子的票据，她说箱子是在新加坡买的，没有带票据，遭到了拒绝。老太太一怒之下，就找到了省工商局的维权中心要求赔偿，最终得偿所愿。

后来，就在我们准备离开候车厅时，我对妻子说，你们等我一会儿，我去给刚才的灰狗车拍几张照片。我出门到后院，正在寻找最佳角度拍照时，从车场旁边一间屋子里出来一位黑人女性工作人员，大声冲我喊嚷了几句，就进去了。我没有听懂她的话，感觉好像是不让拍照，就赶紧照了几张离开。当我要进门时，两个身穿灰蓝色安保服、后背印有“security”的工作人员挡住了我去的路。问我刚才是不是照相了。

我猜想他们有可能把我当成了特工。我就一个劲儿解释，我是来旅游的，处于对灰狗的喜欢和好奇才拍照的。最后，他们看着我从相机的储存卡里“delete”（删除）了刚才的照片，才放我进去。

这是我到美国期间第一次遇到的不快，这件事也改变了我对“灰狗”及其工作人员的看法。在以后旅游的日子里，我们再也没有选择它作为出游的交通工具。

14

拉斯维加斯的三绝：赌博、美女、建筑

美國農場儲倉圖

拉斯维加斯（Las Vegas）地处美国内华达州沙漠的边陲。一踏入这座沙漠中的霓虹灯不夜城，你就会有身临幻境之感。下车后，从走出车站的那一瞬间起，我就被它的美丽、豪华、奢侈与疯狂震惊。

我觉得这座城市好似人间天堂，也有点像是人间地狱，因为二者之间只是一步之遥。这是以赌博、美女、建筑而闻名的一座城市，姑且称之为拉斯维加斯的“三绝”吧。

赌博，拉斯维加斯的一种文化

拉斯维加斯的赌博举世皆知。它的赌无处不在，赌博已经成了这里的一种文化。

在这里，除了厕所里没有安装赌博机外，只要有可能的地方，都有投币老虎机和赌具。在灰狗车站的候车厅我就看到了几台。之后，从车站候车厅出来，大约有一站路就可以走到我们预订的酒店。路上妻子指给我看。原来是和我们同乘一辆车的几个黑人妇女，一下车，竟然不顾旅途的劳累，拉着行李箱，满怀希望地直奔车站旁边的赌场去碰运气，好像害怕耽误挣钱的好时机似的。

沿途街上，透过酒店一楼的橱窗，我看见里面摆放着投币老虎机、赌

↑拉斯维加斯麦卡伦国际机场候机厅赌博场所

具、赌桌。4天后，我们离开这个城市要飞到纽约时，在麦卡伦国际机场(McCarran International Airport)的候机厅，环墙摆着一排赌博机，旁边有人正在操作，充分体现了此城无处不赌的境界。

我们在一家预订好的酒店办理好入住手续后，准备出去转转。这个城市的住宿价格与别的城市相比，还是比较便宜。从三星到五星，每一晚上大约是30美元到80美元。折合人民币为170元到500元左右。其实，他们就是以便宜的住宿来吸引外地的游客到这里赌博、观光。

拉斯维加斯城不是很大，最热闹的去处便是拉斯维加斯大道(Las Vegas Strip)，整个城市由它贯穿。据说世界上10家最大的度假酒店有9家就在这里。另外，其他酒店及各种娱乐场所也矗立于大道两旁。道边高高的棕榈树，让人感觉好似到了颇有风情的南国他乡。

我们逛了几家大型赌场，只见家家灯火通明，每家都装饰得富丽堂皇。

酒店的一层是赌场，且透明开放。一排排老虎机夹道欢迎远方来的客人。

辉煌的灯光下，赌徒们踩着足有数千米宽的柔软地毯，面对数百台“老虎机”，个个如斗牛场上的斗士，兴奋不已，跃跃欲试。大厅中间摆放着成排的大赌台，赌徒们围桌而坐，一双双专注的目光下，尽是贪婪、兴奋甚至疯狂的面孔。

在这里，我看到了传说中的21点纸牌、轮盘赌……好多我都叫不来名字。著名的吃角子老虎机就像一台游戏机，高过人头，中间是显示屏幕，根据花色不同，分成不同的图案组，有动物类、棋牌类、水果类……显示屏幕旁边有插卡口，可以插入银行卡；也有纸币入口。但它吐出来不是钞

→拉斯维加斯老虎机前的赌客

↓拉斯维加斯老虎机前的赌客

↑拉斯维加斯赌场中为赌客助兴的舞女

↑拉斯维加斯赌场中观看的美女

票，而是筹码。喂筹码的入口在最顺手的中间地方，而中奖的筹码出口在最下端。

大厅里不时传来出筹码的哗啦啦声。对于赌徒来说，这可能是世界上最美妙地音乐——中奖赢钱了！之后，工作人员就过来根据你中奖的等级兑换成真美元。

另外，在赌场上，还有各色美女不停地舞动着身姿，为赌客们助兴；也有美女为客人们发扑克牌。美女在场，活跃了气氛，刺激着赌徒们的神经，使其更加兴奋。

以前我只是在电影里或者在电视上看过赌场的画面。身临其境的各种感观刺激和体会却不能言说。

美女，拉斯维加斯一道靓丽的风景

可以说，拉斯维加斯聚集了世界各地的美女。因为这里的色情服务业是合法的。无论是在街头、商场、酒店还是游泳池，均有美女扑入眼帘，视觉享受已足矣。

拉斯维加斯的夜生活很丰富。从傍晚开始，街道上灯火辉煌，每家酒店门口都有各种不同的表演，以吸引游客驻足观看。

美女们增添了夜色的浪漫与风情，她们奔放热情、秀色可餐、姿态迷人。设想一下，在这个城市，如果没有如云的美女存在，它将失去更多的看点，也许会黯然许多，也不会吸引这么多游客的到来。特别是在夏夜，美女们为这火辣辣的城市，增添了火辣辣的情欲和疯狂。

我们在金银岛 (Treasure Island)酒店门前看了一场海盗与美女战争的表演。

金银岛酒店的设计构思源于同名小说《金银岛》，是斯蒂夫·韦恩的又一力作。酒店于1993年建成开业，有一条弯曲的湖面环绕于门前，湖水中还有假山。最出名的就是酒店门口每天傍晚开演的海盗船大战。一艘运宝船，刚刚驶过湖中的假山就遭遇了海盗，随之而来的则是船上的英国官兵与海盗进行殊死搏斗。宽阔的湖面上，两艘仿制十六世纪的古帆战船相遇，炮声隆隆，硝烟弥漫。被击中的海盗船燃起熊熊大火，海盗们纷纷“跳海逃生”。

从2004年开始上演10余年之久的官兵与海盗大战，后来演变成了塞壬女妖与海盗间的战斗,同时新增了劲曲和劲舞。英国官兵的角色被众多性感美女替代。这的变化，更是突出了美女的亮点，这场免费的室外演出便成了拉斯维加斯入夜最吸引游客的看点之一。

在璀璨的夜色下，伴随着欢快的音乐，一艘大船徜徉在海面上，船上

金银岛酒店门前海盗与美女的大战表演

是一群边歌边舞的三点式美女。这时，一位不速之客突然爬上了美女的船，一番搏斗之后，海盗探子被俘。这下，激怒了对面船上的海盗，两船开始对攻，只见空中火炮齐鸣，硝烟弥漫，海盗船被击沉。众海盗纷纷跳入水中，游过来后爬上美女的船，随即与美女们开始了近身大战。几个回合后，海盗头子被俘虏，所有海盗拜倒在美女们的热裤之下……在大战中，强盗头子和美女首领，被各自的武功和魅力吸引，便产生了感情，最后，双方在桅杆上相拥而吻。甲板上的众强盗和众美女为之欢呼。演出结束。

整个场面劲歌热舞，火爆香艳，气氛热烈。音乐与歌声的配合，相得益彰，让观众的感情此起彼伏，久久难忘，欢呼声不绝。

在拉斯维加斯街头，有独自或者两三个人一组的站街美女。她们身材高

↑拉斯维加斯的街头美女

挑，脸蛋妩媚，皮肤白皙。头发或高髻、或披肩、或头饰造型。身上化妆品散发着幽幽的浓香，刺激着每位从身边走过的游客。再加之那一双明亮且含情脉脉的眼睛，撩拨得一些男士心头发痒，就禁不住停下脚步，多看她们几眼。她便主动邀请男士和她合影，一次5美元到10美元不等，也可以搞价到2美元。于是，她们就以各种娴熟的姿势与男士合影。可以说，站街美女，成了拉斯维加斯城一道亮丽的风景。

↑威尼斯人酒店内的水城

↑金字塔型酒店

建筑，拉斯维加斯流动的景观

拉斯维加斯的建筑风格多样，几乎囊括了世界各地的建筑风格及其样式，许多著名建筑景观的复制版在这里均可找到，如法国的埃菲尔铁塔、埃及的金字塔、美国纽约的自由女神等。

↑米高梅酒店

建筑风格是拉斯维加斯的另一个亮点。这里的建筑从外形到空间，包括内外色彩，很难找出雷同的地方。其设计工艺精湛、造型精美，真可谓无与伦比。建筑周围的景观与建筑主体相互衬托，交相辉映，搭配很和谐，给人兴趣盎然之感。这里处处是美景，每一个建筑景观都显示了不同国家的建筑风格和文化。

↑百丽宫酒店门前的水舞

↑巴黎酒店门前的埃菲尔铁塔

拉斯维加斯是世界知名的度假圣地之一，拥有“世界娱乐之都”、“结婚之都”的美称。每一家酒店都装饰得富丽堂皇，很阔气也很大气，能承载数千人的容量。如金银岛(Treasure Island)、火烈鸟(Flamingo)、恺撒皇宫(Caesar’s Palace)、阿丽雅(Aria)、好莱坞(Planet Hollywood)、亚瑟王之剑(Excalibur)、巴黎(Paris)酒店等。这些酒店的名字与其规模和气势一样弘大，也很富有诗意，令人浮想翩翩，同时也具有象征意义。不像我国许多城市的酒店，喜欢在名字前面或者后面冠以“国际（international）”二字，却在国际上没有一点知名度。

拉斯维加斯最大的酒店是米高梅(MGM Grand)，门前立一只铜铸的东方大雄狮，甚是威武。纽约—纽约(New York New York)酒店集合了纽约的几个地标性建筑，令人耳目一新的是，有一条过山车轨道盘旋于酒店内外，游客可以乘坐过山车穿梭于其中。

另外，拉斯维加斯每一家酒店门前都有水池。设计师充分运用了中国建筑中的风水思想，把水的元素发挥地淋漓尽致。水的艺术、水的舞蹈、水的魅力、水的灵动，在这里皆可以看见，令你顿生神秘之感。比如百丽宫(Bellagio Resort & Casino)酒店门前有巨型人工湖和音乐喷泉，场面宏大壮观，是拉斯维加斯的一处标志性景点，所以又叫美丽湖大酒店。威尼斯人(Venetian)酒店的意大利建筑风格很明显，室内河道上有人摇着小船来回游动，吸引得游客流连忘返，觉得似乎到了真正的意大利。

有的酒店门前还有假山。如幻景(Mirage)酒店的室外景观堪称酒店之最。假山、瀑布、树木和建筑主体组合成一片园林风景，给游客回廊曲折、山环水绕之感。设计师明显是吸收了中国园林景观的妙趣。只要留意，就可以发现这里的许多建筑在设计中受到中国古代建筑设计思想和中国文化元素的影响。

谁曾想到，当年的拉斯维加斯是一片不毛之地。如今却变成沙漠里一颗享誉世界的璀璨明珠，每年吸引美国及全世界近5000万游客来这里旅游观

→幻景酒店的室外景观

←昔日的拉斯维加斯

光，为其创造了上百亿美元的收入。

那么，是什么原因使当年荆棘遍野，只扎帐篷的沙漠小镇发生了如此翻天地覆的变化呢？

那就是创意，创意无限——

阿基米德曾经说过，只要给他一个足够长的杠杆，他就可以撬动地球。而这个杠杆，对当年的拉斯维加斯来说，就是国家的法律和政策。

拉斯维加斯的名字是以西班牙语LASVEGAS命名的，意思是“肥沃的山谷”。据说在18世纪初期，一批在美国的西班牙商贩，向西跋涉去洛杉矶途中，大多要路经当时仍未开发的拉斯维加斯峡谷地带。1829年一位名叫拉斐尔·里维拉的年轻人在为西班牙商队探路时，偶然发现了拉斯维加斯峡谷地带的自流泉水及周边的绿洲。

于是，他便以西班牙语LASVEGAS（拉斯维加斯）称呼自己发现的这片绿洲。拉斐尔·里维拉的发现，缩短了从犹他州及其他中西部州通往洛杉矶的路程。于是，从盐湖城经拉斯维加斯通往洛杉矶近2000公里的“摩门小道”，也就成了白人商队经常来往的通道。

1855年，30位西方传教士在拉斯维加斯峡谷建起了第一座不属于印第安人的要塞，在此地教印第安人种植庄稼的技术。然而，当地的印第安人并不欢迎他们，偶尔还会突袭要塞。仅两年，西班牙人就被迫弃城而去。但白人商队同印第安人的冲突以及印第安部落间的征战，加速了当地印第安人部落的衰亡。今天，在拉斯维加斯大道和华盛顿街交叉口的残垣断壁，成为那段历史的最好见证。

1905年内华达州发现金银矿后，大量淘金者涌入，拉斯维加斯一度繁荣。连接南加州和盐湖城两地的铁路干线完工后，使拉斯维加斯一带从帐篷的驻扎地，逐步变成铁路沿线的一个城镇。拉斯维加斯因其水资源较多，而成为铁路线上一个理想的补给点和休息地。

之后，随着金矿采掘日益绝尽，加之1929—1933年美国经济危机出现的大萧条，拉斯维加斯开始萎靡不振。后来，距拉斯维加斯以西45公里的地方开始兴建胡佛大坝，给这座当时并不起眼的城镇带来了新的生机。大坝工地的许多工人周末来拉斯维加斯从事赌博并寻找娱乐，从而促进了当地商业经济的发展。

早在1911年，内华达州通过了一项非常严厉的法律，限制赌博以及任何有赌博味道的游戏，即便是当时流行的买啤酒扔硬币定价习惯，都被认为属于非法。但赌博并没有因严厉的法律而销声匿迹，而是悄悄转入了地下。

但此时，为了渡过经济难关，内华达州议会通过了赌博合法化的议案。从此，拉斯维加斯成为一个合法赌城。

赌博在内华达州的合法化和游戏化，是拉斯维加斯成为当今世界第一赌城的最重要条件，也是拉斯维加斯走向赌城的最重要转折点。从20世纪60年代开始，很多大企业在拉斯维加斯掀起了并购和建造超豪华宾馆的热潮。从此，赌博已经不再是原来意义上的赌博，它如同迪士尼、好莱坞一样，已经成为合法的产业。此时的并购和扩建潮为20世纪80年代后拉斯维加斯现代化的高速发展奠定了基础。

事实上，在我国也有这样的事例。那就是张贤亮家经营的宁夏镇北堡西部影视城。当年也是在一片荒凉的滩头中建立起来，因拍电影而出名。但是，它并没有发展成世界性的著名旅游景点，也没有发展成为一个城市。

我想，拉斯维加斯的发展史，或许可以给当今我国的城市化进程带来一些启示。

15

纽约大都会艺术馆的中国文物

福
BLESSING

这是我写的最痛苦的一篇文章，也是我写的最吃力的一篇文章。写完之后我的心情还是很难受。

由于我所学美术学专业的缘故，我的博士论文选题是关于中国美术考古方面的研究。所以每每见到我国古代的任何文物，心里总会对它们产生别样的感情。2012年7月我在美国纽约大都会艺术博物馆(Metropolitan Museum of Art, New York)参观时，看到了许多国内没有见到的文物，心情很复杂，久久不能平静。

这些文物，有着最昂贵的身价，却没有一个明确的归属，它们曾经是中国的，如今却是世界的。它们高贵的、寂寞的躺在美国纽约大都会艺术博物馆里，为展示世界文明做出了巨大贡献；它们让自己面前走过的每一个人感动；它们就像远洋的游子，离开家园太久了，最短也要一百多年了吧，但它们归家的路却遥遥无期……

2012年7月2日我和妻子、女儿上午9点从美国西部的沙漠城市拉斯维加斯出发，乘坐FONGTIER航空公司的航班，经过6个小时的长途飞行，到达纽约，住在法拉盛地区一家华人家庭旅馆里。第二天一大早，我们乘地铁前往纽约第五大道上的大都会艺术博物馆参观。

纽约大都会艺术博物馆是美国最大的艺术博物馆，也是世界上著名的博

←美国纽约大都会艺术博物馆门前

←美国纽约大都会艺术博物馆门前

物馆，又称“纽约城博物馆”、“都城艺术博物馆”，与著名的美国自然历史博物馆遥遥相对，它是与英国伦敦大英博物馆、法国巴黎卢浮宫、俄罗斯圣彼得堡列宁格勒美术馆齐名的世界四大美术馆之一，凡是到纽约的游人，大多会去参观。

因带着女儿，我们的行动有点慢。到达博物馆时已经是10点多了，比预计的时间晚了1个小时。大都会博物馆门前第五大道上的车辆行云流水般地缓缓而过。街道西侧，耸立着两栋高大雄伟的建筑，一栋邮电大厦，另一栋是就是著名的大都会艺术博物馆。

我们拾级而上，妻子和女儿走在我前面。进到门里面排队过安检时，我被挡在隔离线之外，原因是我的双肩包里装的为全家人做午餐的面包、罐头惹了麻烦。工作人员告诉我，游客不能带食品进去，要么把它们扔进门边的垃圾桶里，要么自己想办法。于是我们退出来，下了台阶，走过博物馆对面的马路，在一片草地上坐下，提前吃午餐。

此时，我看见博物馆大门左侧摆了一排摊位，来自世界各国的画家们聚集于此，为过路的游人画肖像卖。他们中间有个华人，他的作品有中国国画、书法等。

正对博物馆，它宏伟的气势看得更清楚，这是一栋文艺复兴式风格的建筑，门前宽大的几十层台阶，把游客直接引到二楼入口后可进入正门。两扇木质大门上刻有花纹。正门两侧有八根合抱粗古希腊建筑风格的擎天石柱，刚劲雄健，傲然挺立。柱子顶端刻有石钟和倒立的花篮，其形状华丽多姿，美不胜收。墙面上有立体浮雕，房顶上有各种典雅高贵、大气庄重的人物雕塑。虽然是三层楼，但实际高度比普通的六层楼还高。

吃完午餐，我们再次顺利进入博物馆。只见大厅聚集了来自世界各地、肤色各异的游客。大厅正中间有一个圆形问询台，上面摆着中、法、德、日、西班牙等好几种语言的介绍资料和展馆示意图，全部免费提供。我要了一份中文的，妻子要了一份英文的。

大厅右侧是一尊古埃及的狮身人面雕塑，气势磅礴，站在它面前需要仰视。雕塑后面是买票处。这里已经排起了长长的队伍。

有意思的是，纽约大都会艺术博物馆的门票，实行非固定价钱售票，并采取建议捐助的办法。当你来到售票口时，会在电脑屏幕上看到一个最高20

←美国纽约大都会艺术博物馆大厅

美元一张的参考价，但你可以给售票员不低于1美元的价格，就可以领到一张票。妻子在排队，我领着女儿在旁边观察，看到大多数美国人选择了20美元的价格。

我趁机浏览了一下资料，了解到纽约大都会艺术博物馆当初是由美国的一群商人、理财家、艺术家与思想家等组成发起人于1870年开始构建。他们期望博物馆能够给予美国公民有关艺术教育的熏陶。同年普法战争爆发，美国积极购进许多战争中幸免于难的艺术品。10年后的1880年，大都会艺术博物馆正式开馆。1902年全部完工。后又经过多次扩建，形成了今天这样一个包罗万象的艺术博物馆。在2007年时，大都会艺术博物馆的规模已接近四分之一英里长，占地200万平方英尺，是当初建馆时的20倍。

目前，纽约大都会艺术博物馆是纽约博物馆旅游中展出面积最大、展出品最丰富的博物馆，有各类文物和艺术品365万件，画廊200多个，全馆分占三层楼，设234间陈列室，收藏近5000年的各种文物，这里不仅体现了美国的历史文化，还展出中国、日本、伊朗、法国、英国、荷兰等国家的古代文化。一楼是非洲、澳洲、南北美洲、欧洲以及美国、埃及、希腊和罗马的展馆，二楼是古代远东、东南亚和中国、朝鲜、伊斯兰等国的展馆，三楼是现代艺术馆。

买到票以后，我建议妻子先看二楼的中国艺术馆。

坐电梯上了二楼，一进入中国馆，我惊呆了。每到一处，我的心灵不时被震撼，视觉也被强烈地冲击着。因为这里有相当出色的中国藏品。

只见展厅迎面的大墙上，嵌着一幅绘于元朝（大约1319年）的巨幅佛教壁画，高751.8厘米，宽1511.3厘米，该幅作品被命名为《药师经变图》，表现药师佛的净土世界。画面上众佛神态各异，场面蔚为壮观，画中有如来、左右普贤、文殊菩萨，上有飞天，下有诸佛；莲台映日，浮云连片，一派盛典气象。此壁画来自山西省洪洞县的广胜寺。壁画虽历尽沧桑，可画面依旧清晰。这幅壁画最早由美国著名的中国艺术品收藏家ArthurM · Sackler收藏。Sackler是一个很富有的牙医，非常喜欢中国艺术品，购买了大量的中国

↓美国纽约大都会艺术博物馆中国馆内元朝《药师经变图》壁画

↑美国纽约大都会艺术博物馆中国馆内北魏《帝后礼佛图》浮雕

文物。他收集的途径有两个，一是去中国购买，二是从美国国内的古董商手里购买。20世纪50年代，他开始为美国各个博物馆捐献自己收藏的中国艺术品。1946年Sackler以母亲的名义，将这张巨幅壁画捐献给大都会博物馆。

还有一处浮雕是《帝后礼佛图》（Emperor Xiaowen and His Court），它是龙门石窟宾阳中洞东壁上的浮雕之一，创作于北魏年间，也是中国古代浮雕的重要作品，被盗后卖至国外。雕像高208.3厘米，宽393.7厘米，石灰石材料。美国人当年花了三个月的时间，一块一块地凿下来运回国又组装。颜色依旧鲜艳，图像依旧清晰。让人叹服的是不仅完整，而且精细不露痕迹。

另外，这里还有北魏时期的李真王、姚朗宇造像碑，东魏赫连子悦造像碑，观音菩萨像等。北朝造像碑记载的信息量非常丰富、广泛，它不仅反映了当时社会政治、经济、文化等方面的内容，更重要的是体现了在不同宗教影响下复杂的民族关系，同时在文字学、文学、美术、书法等方面有着很高的研究价值。由于文字对当时社会历史记载的局限性，所以留下来的造像碑及其造像题记，尤其显得珍贵。

游览完雕像展厅，沿石阶而上，便是Charlotte C.Weber GalleriesThe Arts of China。在门口，我看到一群外国人出出进进。同时看到更多的是华人游客。我不知道别的华人在这里看到这么多文物后是什么心情，而我的心情很沉重，一股股难言的滋味在心头升起。

↑美国纽约大都会艺术博物馆内的中国造像碑

因为我注意到，在许多文物旁边的解说词中有一项是说明展品的来源，竟然写着“Gift”，说明这些文物多是以赠品方式送给美国的。令人疑惑的是，中国真会把这么多的文物以礼物形式送给美国吗？而美国回赠中国的又是什么呢?

这里展出的文物从史前时期一直到明清。游客可以看到史前时期原始人使用的狩猎工具、陶器等；夏商周的青铜器、礼器、兵器、饰物等；汉代的陶俑、瓦当等；唐代的金器、唐三彩等；宋、元、明、清各代的书画作品及装饰艺术品等。特别是5—15世纪中国的佛教雕塑、装饰艺术品和明代家具也比较多。

另外，美国纽约大都会艺术博物馆还专门设置了中国瓷器陈列馆，是全世界范围内收藏中国瓷器最丰富的博物馆。中国历代瓷器陈列在二楼亚洲馆大厅四周。在这里，可以看到完整、详尽的中国瓷器史。藏品有早期的青瓷、白瓷，唐代的长沙窑、三彩，宋代定、汝、官、哥、钧五大名窑，元代的青花、釉里红，明清景德镇的青花、红釉、黄釉、斗彩、五彩、墨彩等，应有尽有。

←美国纽约大都会艺术博物馆的中国画廊

↓美国纽约大都会艺术博物馆中国馆的磁盘

大都会博物馆的藏瓷，不只是瓷的种类齐全、数量多，而且大多是精品，有些甚至是稀世珍宝。传说宣统年间，清政府财政困难，把一套深藏在宫里历代皇家传世的钧窑瓷器以10万两白银抵押在英国汇丰银行，因预期没有收回，汇丰银行就转卖给了大都会博物馆。

大都会博物馆1915年建立远东艺术馆，1986年改名为亚洲艺术馆。亚洲馆收藏的中国艺术品多为洛克菲勒、王季千等人所捐。亚洲馆里展出的中国文物有不少是稀世珍宝。《溪岸图》可以同台北故宫博物院的两件镇馆之宝——范宽的《西山行旅图》和郭熙的《早春图》并驾齐驱，并称为中国早期绘画的三大名作。

穿过中国古代艺术展厅，在其右侧，就是著名的亚斯特庭院（Astor Court），亦叫"明轩"。

“明轩”是“文森特·阿斯特基金会”的主席夫人亚斯特（Brook Rusell Astor）1976年至1981年以基金会的名义捐献数百万美元修建的。这位104岁老人的少年时代是在中国度过的，那美妙的少年时代令亚斯特夫人回国以后难以忘怀。她认为，中国生活造就了她热爱自然的审美情趣，改变了她的一生。于是，这位老人在晚年终于帮助大都会艺术博物馆拥有了一座来自中国的苏州园林，实现了她多年的愿望。

↑亚斯特夫人

这座苏州式园林是中国第一例园林的出口工程，它的原版就是苏州网师园的“殿春簃”。根据介绍，修建明轩的一砖一瓦一木都是从中国运过来的，匠人也都是国内一流的顶尖高手，花了两年时间才建好。如今在大都会艺术博物馆仿“殿春簃”建造的亚斯特庭院，身价又是不同，它被覆盖在一座大玻璃顶棚下，成了博物馆里的艺术陈列。

“明轩”的大门是圆形的月亮状。门口有一对石狮子，这对石雕狮子是明清时期的造型。门内为黛瓦粉墙，花窗回廊，假山夹道，砖石地面，墙边的半亭也镌刻有“冷泉亭”三个汉字。院北一溜中式平房，雕花门窗，月洞圆门，红木家具，字画瓷器，古香古色的中国园林气息甚是浓郁。

徜徉在廊曲回环的园林，仿佛真的置身中国的苏州园林。我看到一些外国人坐在回廊的栏杆上休息，他们不时地赞叹着，品味着中国建筑的别致与新颖。

在中国馆，我逗留的时间比较长。由于时间关系，我很快浏览了欧洲馆、非洲馆和其他地区的艺术馆。

←纽约大都会艺术博物馆内仿制的苏州园林“明轩”曲廊

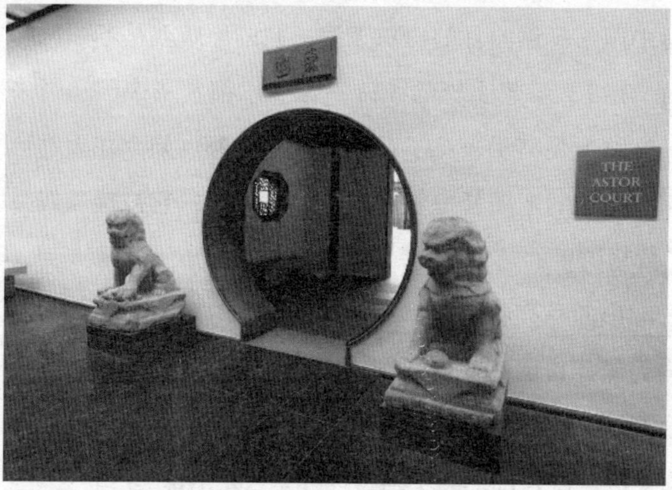

←纽约大都会艺术博物馆内仿制的苏州园林“明轩”拱形门

就这样，我还是没有参观完纽约大都会艺术博物馆的所有展品。但我没有遗憾。离闭馆时间还有三十分钟时，我决定停止行程，又一次来到中国艺术馆，怀着难言的伤感，对中国文物展品做最后道别。我知道，这一别，不知道什么时候再来看它们。它们就像我们的祖先一样，永远留在了国外，本来是我们民族的财富，却成了别国财富的象征。

在回去的路上，我呆呆地坐在地铁上，不想说一句话，心情异常沉重。我所处的西安市是十三朝古都，该地文物很多。周边有周、秦、汉、唐王朝的帝王陵墓及其许多臣使的陪葬陵墓，著名的有秦始皇陵、汉五陵、唐十八陵等。这些陵墓大多被一些盗墓贼疯狂偷盗过，一些重要文物被卖到国外。当地一些村民以盗墓为生，日子过得很富有。这种情况，不仅仅在陕西，在国内其他地方也频频出现。

我们为自己祖先创造的5000年文明及其辉煌感到骄傲。但今天，谁来保护这些文化资源呢？现在我国多地以发展文化产业的形式发展房地产业，将地上的许多文物拆除后修了一批以新代旧的仿古建筑；同时，地下的文物 也"不小心"被挖出来倒卖到国际市场。于是我国的文物成以各种方式和名义流落到国外 。

那我们还剩下什么？

16

华尔街——河流与墓地之间的『幼儿园』

到纽约旅游的人，一定要到华尔街去看看，因为这里不但是世界金融中心，也是世界经济的“晴雨表”，还曾发生过许多金融故事。

我们一家人在2012年7月初到达美国纽约后，在参观完大都会艺术博物馆的第二天，就去参观曼哈顿区（Manhattan）南部的华尔街（Wall Street）。

那一天是7月4日——美国的国庆日。上午10点多我们从所住的法拉盛（Flushing）华人区乘坐7号地铁线直到终点站——时代广场42街（Times square 42 St)下车，然后再改乘2号或者3号线地铁，途径华尔街站，下车后，走出地铁站口，就直接来到了华尔街东口的街面上。

↑纽约华尔街的地铁2号、3号线的出口

我一眼就看见地铁口的电线杆上黑底白字的指示牌，很兴奋，终于找到了梦想的华尔街。

站在大街上，放眼望去，我的心却凉透了，这哪里是我想象中的地方

↑纽约华尔街灯柱上的指示牌

呀！我甚至怀疑这个地方不是华尔街。

街道并不是我想象的那么繁华，说它是一条简陋的小巷，也不为过。街上也看不见熙熙攘攘的人群，只有稀稀拉拉的几个人走过，或许是国庆的缘故吧。

路口还用铁栅栏隔着，不让一般车辆通过，只有一辆警车停在那里。栅栏旁边站着俩高个子警察，腰里挂着手枪。警察对过往的每一个行人都要用眼睛审视一番。也许是职业习惯，也许是2001年的“9·11事件”把美国人吓怕了，感觉整个气氛透露着一种威严和警觉。

华尔街英文名“Wall Street”，意为“墙街”，地理意义上的长度不超过一英里（1英里=1.6093公里），大概有800米长，宽仅11米，从百老汇大街一直延伸到东河，之间共有7个街段。

就这么短短的一条小街，却是美国乃至世界金融的神经中枢，次贷危机就是由此萌发、扩散，让世界为之疯狂。

街道两侧的摩天大楼像一堵高墙，齐刷刷地伸向天空。身处其中，恰是在悬崖峭壁间。抬起头，只能看见窄窄的一线蓝天。此时当地时间已经12点多了，明亮的太阳光投射到了地面上，只是那么一点点阳光，显得很吝啬，整个街道的大部分地方处于一片阴影中。

华尔街的形成与殖民战争有关，到现在已经有300多年历史。

现在的纽约最初是荷兰人的殖民地，它的第一批移民是从1609年荷兰东印度公司登陆曼哈顿开始的。1625年荷兰人用24美元买下曼哈顿岛，取名新阿姆斯特丹（The New Amsterdam），用来聊以抚慰思乡之情。

荷兰人的商业精神促使纽约的工商业和金融业在早期就开始迅速发展。因为17世纪中叶荷兰人是世界上经济最强的资本主义国家，它有着一套比较完整的金融体系。开始移民到北美后，他们将资本主义的商业精神带到了新阿姆斯特丹，从而使这里成为新的商业中心。

随后在1650年，英国人也来到北美大陆。1652年英荷海战爆发。新阿姆斯特丹的荷兰人担心英国人从陆路进攻，就在城市的北部建立了一道防御城墙，墙由圆木建成，每根16英尺长，有4英尺埋在地下，顶部削尖。这道墙东起珍珠街，西至今天三一教堂的西侧，全长2340英尺。但是，就是这尖尖的木栅栏，也没有挡住英国人枪炮的进攻。在1664年，新阿姆斯特丹被英国人攻陷，这个城市就从荷兰人手里转到英

↓纽约华尔街上的摩天大楼

国人手里，并被命名为新约克郡（New York，简称纽约)，并献给当时的英国国王查理二世弟弟的继承人——约克公爵（Duke of York）。那道被荷兰人筑起来的城墙，很快就荒废了，1698年被拆除后，只留下了“华尔街”（Wall Street）的名字。

由于纽约是一个港口城市，它在地缘上与荷兰阿姆斯特丹有一定的相似性，“新阿姆斯特丹”被英国人占领并改名为“纽约”后，荷兰人的贸易经验和商业思想以及宽容、自由和开放的精神也被纽约人完整保存下来，并进一步发扬光大。即使今天在纽约工作和生活的人，也能深刻地体会到这座城市热爱商业、崇尚金钱的文化无处不在。可以说，挣钱，无论是善意的，还是恶意的方式，在今天依然是这个城市的至爱。

历史到了1775年，波士顿打响了美国独立战争的第一枪。1776年7月4日，美国独立，纽约终于成为美国人的地盘，华尔街也成了美国人的金融街。

我们走上人行道，穿过铁栅栏，沿着华尔街的东口向西走，看见一群人在一栋建筑物前拍照。

人多了，旅游就有了活气。

原来这里是位于华尔街26号的美国联邦大厅国家纪念馆（Federal Hall National Memorial ），也叫美国的首座国会大厦。

这座建筑物在美国历史上有着非凡的意义，它见证了美国的独立和纽约经济、文化的发展与繁荣。 1776年7月4日美国独立后，1788年9月13日美国国会暂定纽约为首都，联邦宪法生效后，第一届国会就在华尔街的联邦国家纪念堂召开。

从1788年到1790年这里是美国最早的首都所在地，同时也是《人权法案》的诞生地，1789年3月4日正式确立为联邦大厅（Federal Hal）。1790年美国首都迁至费城后，1812年这里又改为美国海关大楼。现在这里变成了一座纪念馆。

这是一座古希腊风格的大理石建筑，它的高度与华尔街其他高大的建筑物相比，显得低矮，但很敦实有力。建筑物的屋顶上插着一竿美国国旗。台阶上矗立着8根合抱粗的古朴典雅圆形立柱。大厅门口台阶下的正中央是乔治·华盛顿的全身青铜雕像，栩栩如生，只见他身披风衣，斜伸右臂，昂首挺胸，两眼炯炯有神，面色凝重地注视着华尔街。

↑国家纪念馆门前乔治·华盛顿的雕像

看着这尊雕像，我情不自禁地联想到1789年4月30日，乔治·华盛顿这位美国人的国父，作为美利坚合众国第一任总统，站在联邦大厅阳台的这块石头上宣读就职誓词的情景。

后来，美国人便把这尊铜像视为交易所的守护神，是他日夜守护着华尔街，佑护着美国金融业的繁荣。

由于国庆闭馆，我们不能进去参观。继续向前走，不远处是华尔街11号，也就是国会大厦的斜对面，这里是闻名世界，也是目前世界上规模最大的有价证券交易市场——纽约证券交易所(New York Stock Exchange)。

准确地说，它是坐落在华尔街11号和百老汇街18号交界的一角，自1903年以来便以圆柱并列的七层楼屹立于此。

乔治·华盛顿的雕像斜对着纽约证券交易所朝百老汇大街（Broad Way Street）的一面，也就是交易所的东面。交易所的墙上平展展地悬挂着一幅巨大的美国国旗。站在国会大厦高高的台阶上，乔治·华盛顿可以看到交易所的门口，好像从这里就可以看到美国经济的发展状况。

交易所入口处是一个双扇门，很小。门顶上也挂着一面美国国旗。门口甚是冷清，大门紧闭，看不见出出进进的人。如此巨大的交易所，朝华尔街所开的门却是如此之小，无论怎么看，与它庞大的建筑，显赫的名声都不匹配。

门口只有一个身材魁梧、身着蓝色服装的警察在执勤。他还在悠闲地喝

↑ 纽约证券交易所东面墙上的国旗

↑ 纽约证券交易所的入口处

着矿泉水。在“9·11事件”以前，这里还可以进去参观，现在是不允许参观了。

纽约证券交易所是美国在1776年建国以后建立的。当时纽约的市场在原来英国殖民地的基础上迅速发展，华尔街市场上增加了很多可交易的品种，很快就出现了现在纽约股票交易所的前身——纽约股票交易委员会。

由于当时的交易量剧增，人们不仅可以在交易所内进行交易，也可以在交易所外的路边进行。而在场外交易的经纪人站在门口就能听见场内的报价，这样既获得了最新信息，又不用交纳会员费。他们常常选择华尔街和威廉街西北角68号一家咖啡馆门前的梧桐树下作为交易地点。每天从上午10点到下午4点，以固定的价格收购国债，再以另一个略高的价格卖出国债。

为防止这种情况发生，也为了防止经纪人在交易佣金上进行恶性竞争，1792年，当时有24个证券经纪人在这棵梧桐树下签署了一项《梧桐树协议》。1817年3月8日这个组织起草了一项章程，并把名字更改为“纽约证券交易委员会”，这样，一个集中的证券交易市场基本形成，1863年管理处易名为现在的名字——纽约证券交易所。

纽约证券交易所几乎见证了美国经济发展的全过程，其中有无尽的辉煌，当然也有不堪回首的往事。1929年10月28日美国股票市场崩溃，美国历史上最著名的一次经济危机拉开序幕。股市崩盘后引起了全美国经济的大萧条，同时，在一定程度上也改变了美国的社会状况。

几经多年的风雨洗礼，纽约证券交易所仍然在原来的位置，而那棵梧桐树早已不复存在，但它却被写进了美国的金融史里，成了纽约证券交易所建立的明证。

而今看到的状况，让我觉得纽约证券交易所与自己想象中的差距很远，甚至是名不符实。特别是面对那扇小小的双开门，我仍然很难相信它里面的交易会牵动全世界经济的神经。但交易所东面大圆柱上展开的那幅美国国旗，却又有一种令人震撼的效果，不知是否蕴含有这里是主宰世界经济的寓意？

奇怪的是，在纽约证券交易所门前看不见那头让世界疯狂的“铜牛”（Charging Bull）像，问了别人才知道，这头牛不在这里，而是在百老汇大街南段的博林格林（Bowling Green）公园口。原来，人们经常说的纽约证券交易所的“铜牛”并没有在这里呀。

于是我们继续前行，走到华尔街西端尽头，过了阻止车辆进入的水泥桩，就是与华尔街西端相接南北方向的百老汇大街，此时感到街道宽许多，呼吸也变得顺畅了，抬头看见蓝澄澄的天空上漂浮着大片白云。怪不得这条街的原意为“宽阔的街”。

华尔街西端的马路对面是著名的三一教堂（Trinity Church）。准确地说它的位置是百老汇大街79号。

现在的三一教堂已经是历史上的第三座了。最早的三一教堂建于1698年，在1776年被华尔街的大火焚毁。1790年初第二座三一教堂竣工。然而，

←纽约百老汇大街上的三一教堂

45年之后教堂又毁于一次大火中。1864年第三座三一教堂落成，高达84米的教堂尖顶直冲云霄，曾经一度是纽约的最高建筑物，也是进入纽约港船只的指示灯塔。三一教堂被认为是哥特式复兴建筑的经典实例，它见证了华尔街风风雨雨的历史。玫瑰色砂岩的外观与铜雕大门曾让它风光一时，该教堂1885年被选为美国十大建筑之一。一百年后，美国公民再次票选十大建筑，三一教堂依然榜上有名。

据说，纽约证券交易所的大亨们经常利用午休时间来这里祈祷。如果他们在证券交易所赢了股票，就会按照常规拿出收入的10%捐给教堂，所以说三一教堂无疑是世界上最富有的教堂。

在三一教堂的北侧有一小块墓地，这里安葬着很多美国知名的金融大亨和政界名人。但它的出名与美国第一任财政部长、金融制度的创始人亚历山大·汉密尔顿有关。

教堂路对面是汉密尔顿曾经的办公地，而教堂北侧是他的墓地。他长眠于此，表示死都不忘华尔街。

→纽约百老汇大街三一教堂北侧的墓地

1804年7月11日清晨，在纽约对岸新泽西州的一个荒郊野外，当时虽已辞职但仍是联邦党人领袖的汉密尔顿和美国副总统伯尔进行了一场决斗。两个人曾经是并肩战斗、争取独立的战友，也是当时近15年来的政治宿敌。随着这种分歧的升级，最终达到了涉及个人的尊严和绅士荣誉的程度。因此两人决定通过决斗来解决。其实在当时的美国，决斗文化已经处于末期，绝大多数的州都出台法律禁止决斗。于是，他们二人过河，跑到纽约州对面当时还没有禁止决斗的新泽西去决斗。

事后，种种迹象表明，两个人事先都已经私下表示不会开枪，起码不会朝对手开枪。人们也相信两个杰出的政治家还不至于想置对方于死地，肯定会用荣誉的、不流血的方式解决问题。但事实是，两个人同时开枪了，而且都打偏了，汉密尔顿打出的子弹事后证实距离伯尔非常远，而伯尔打出的子弹却给汉密尔顿造成了致命伤。

汉密尔顿在第二天去世，而背负着“谋杀”汉密尔顿名声的伯尔也被判了死刑。决斗的枪声代表了两人的私人恩怨，但其实也代表了两人的政治分歧，也就是不同政党对国家发展走向的分歧。

那时的美国，绅士的荣誉仍然被看得很重，但已临近了尾声，类似个人品格认定的古典政治文化也已经走到了尽头。而党派的纷争开始初露端倪，在这场纷争中，个人品格、绅士荣誉都将慢慢地被扔到故纸堆中去。决斗作为这种文化的一个组成部分也同样会被遗忘。那两声枪响，似乎宣告着美国政党时代的到来，也宣告着决斗所代表的古典政治文化的终结。

汉密尔顿临终前请求三一教堂为他举行圣经礼并下葬在教堂墓地，但教堂却以他决斗的行为有违基督教义，拒绝他的请求。汉密尔顿说他虽答应决斗，但由于对基督的信仰，故意打偏。他对自己的罪行做了忏悔，并希望与所有人和解。最后教堂答应了他的要求。从此，美国财政、金融制度的创始人就在这里永远地注视着华尔街的一切变化。

三一教堂的北边是纽约的地标性建筑——世界贸易中心（World Trade Center）。这里的双子大楼曾经一度成为国际恐怖分子的袭击目标。1993年2月26日，世贸中心被伊斯兰极端分子在地下室放置炸弹，导致6人死亡，1000余人受伤，并且炸出了一个大洞，这些恐怖分子后来都被判处240年的徒刑。

之后，在2001年9月11日08时46分40秒，美国航空公司11次航班（一架满载燃料的波音767飞机）以大约每小时490英里的速度撞向世界贸易中心北楼94层至98层之间，大楼立即起火。09时02分54秒，美国联合航空175次航班（另一架满载燃油的波音767飞机）以大约每小时590英里的时速撞击世界贸易中心南楼78层至84层处，并引起巨大爆炸。

↓正修复的纽约世贸中心大楼

我仰起头，看见钢框架套筒体的玻璃面楼体直入云霄，在灿烂的阳光下很耀眼。其顶端还安装着施工的架台和起重机，世贸大厦还在修复中。2001年“9·11事件”已经过去十多年了，但它对美国人造成的伤痛，直到现在还没有愈合。

世贸中心楼下广场上有许多游客在拍照。也许是“9·11事件”的缘故，这里的游客比别的地方多。在广场的路边停放着好几辆警车，警察处于全警备状态。

世贸中心的楼下还有“9·11事

件”的纪念馆，这里陈列着该事件的遗物以及一些死者的生前照片。

沿着三一教堂的南边向前约四百米处，就是博林格林公园，我老远就看见这里有很多游客，汽车到这里也行驶得很慢，有个警察在维持交通秩序。

我知道，马上就要看见传说中的让世界金融市场疯狂地“铜牛”（Charging Bull）了，女儿刚才还有点倦意，现在也来了精神。

↑围着“铜牛”照相的游人

↑摸着“铜牛”的“宝贝蛋”照相

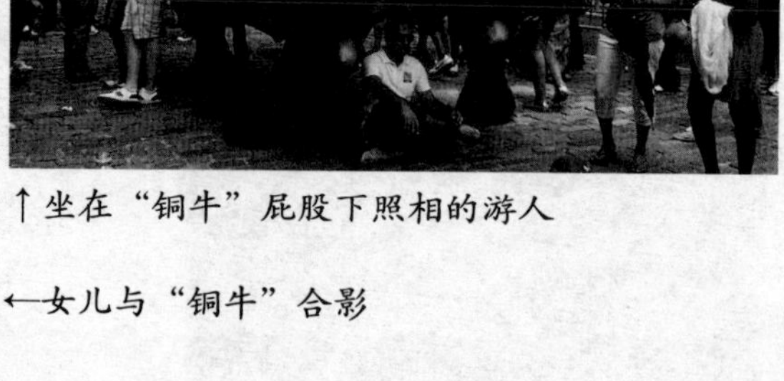

↑坐在“铜牛”屁股下照相的游人

←女儿与“铜牛”合影

走近“铜牛”，它被来自各地的游客围得水泄不通。大家自觉排成了一条不规则的队形，轮流和铜牛像合影。

这头铜牛十分健壮，尾巴弯曲上翘，四蹄牢牢地扒住地面，怒目圆睁，牛角竖起，斜侧着身子，摆开了一副要角斗的气势。在明亮的阳光下，“铜牛”身上仿佛闪烁着金灿灿的亮光。

游客们被这种场面氛围感染，难以控制自己的情绪，以各种姿势和“铜牛”合影。有的摸着牛的身体，有的亲吻着牛的屁股，也有的女士摸着牛后腿间的“宝贝蛋”舍不得放下，有人骑在牛背上，有人骑在牛脖子上，所有的动作是那么贪恋、疯狂。

看着爱牛的人们，各具姿态，煞是可爱。我明白了，大家都有一个共同的心态——来一躺华尔街不容易，不摸摸铜牛，很是遗憾。再和铜牛合几张影，以保佑自己今后财运滚滚而来。

看着这么热闹的场面，我和妻子没有加入其中，只是让女儿站在旁边，拍了几张照片。

在西方文化中，牛寓意富贵。《圣经·出埃及记》说，以色列人从埃及出奔后，根据埃及人的风俗，用黄金打造出“金牛犊”当作上帝耶和华的形象来膜拜，金牛犊于是成为金钱和财富的象征。因为牛的形象展示了增值，所以股票持续上升称作“牛市”，华尔街铜牛也是取这个寓意。

游客们的举动，使我想到了自己在国内考察时遇到的同类情况。2009年，我在西安美术学院读博士研究生时，导师带着我们到陕西关中地区进行为期一个月的考察。当我们到咸阳市泾阳县顺陵考察时，看到一对石雕翼兽。顺陵是唐朝女皇武则天母亲的陵墓。陵前一对形体高大、一公一母的翼兽属于国家一级保护文物。特别是那只公的，大嘴开张，目视前方，很威武。看到它后，大家都会禁不住抚摸一下，最爱摸的也是它后腿间的那两只睾丸。

↑陕西泾阳县顺陵的翼兽

↓陕西泾阳县顺陵的翼兽

据说在民国期间，有一位国民党大官带着太太从这经过。由于这位太太一直没有生育，到顺陵参观时，看到这只凶猛的翼兽，不由得偷偷摸了摸它的睾丸，回去不久就怀孕了，还生了一个儿子。

这消息传开以后，附近的村民为了生儿子，就带着媳妇也来悄无声息地摸。时间久了，翼兽的睾丸变得光亮光亮的，甚至都没有以前大了。

看来，无论是中国人还是外国人，在有些方面的追求和祈祷是相同的。

那么，这尊铜牛为什么没有立在华尔街的纽约证券交易所门前，而是在博林格林公园口安家呢？这里面有个传奇的故事。

意大利西西里岛有位名叫阿图罗·迪·莫迪卡（Arturo Di Modica）的艺术家，他一心想出名，却无计可施。有一天，莫迪卡来到华尔街闲逛，看到这个“破街陋巷”后，一下子来了艺术灵感。

当时的华尔街已经是世界金融

和股市的中心。他暗想，如果自己的作品放在这里，一定会引起人们的注意，说不定还会带来好运。他想到股市早就有牛市和熊市的传说，牛市代表股票价格上扬，熊市代表股市低迷。那么自己为何不给股民送来一份祝福呢？

于是，莫迪卡设计了一头铜牛并开始了漫长的创作。经过两年的苦干，铜牛终于塑好。莫迪卡打算在圣诞节把这头铜牛摆在华尔街证券交易所前，祝福股市来年一牛冲天。1989年12月25日午夜，莫迪卡用一辆大卡车，将这头长5米、重达6300公斤的铜牛，偷偷运到华尔街纽约证券交易所门前，安放在一棵巨大的圣诞树下面，盼望着第二天一早会发生奇迹。

次日一大早，当他跑到证券交易所时，果然看见他的铜牛已经被记者和警察围得水泄不通，从外面根本看不到牛了。这样一种场面，使本来就显得狭窄的街道更加拥挤。牛气的纽约市政府官员，在盛怒之下要求莫迪卡赶紧

↓纽约百老汇街头“铜牛”的复制品

把铜牛搬走。就在这时，百老汇大街南端的博林格林公园的负责人找到莫迪卡，让他把铜牛“拉到”他们的公园里。

于是莫迪卡高价把铜牛卖给了该公园，而且还有一个附加条件，就是买主必须将公牛雕像留在原地，并将公牛雕像捐赠给纽约市。现在铜牛成为纽约市的公共财产，不准任何人买卖，莫迪卡拥有肖像权。但我却在百老汇大街上看见有几个摊位在销售铜牛像的复制品。

自从这头铜牛被搬到博林格林公园口后，不知道有多少人特地到这里来瞻仰它，看看它被人抚摸得闪闪发光的身体就知道了。游客对铜牛过于亲昵的行为也被当地的民众和政府接受。如今这尊铜牛已经作为华尔街的一种象征，也是华尔街的一道风景。

目前，越来越多的人仍旧幻想着铜牛的庇护。世界上的很多金融中心、股票交易市场仍然仿效之，雕塑了一尊尊铜牛，而且在模仿中还不断创新。这些新塑的铜牛也是风情万种，有奔驰的铜牛，有昂首冲天的铜牛，有高傲的铜牛……它们承载着主人的美梦，传达着主人的愿望。

在人们的想象中，留住了铜牛，也就是留住了财富。于是有的人还把铜牛用铁链锁住，希望它永远留下来，效忠它的主人。铜牛是不是灵验，暂且不论，而铜牛的制作者生意却很兴隆。买卖铜牛似乎已经成了一个行业，铜牛的身价飞涨，就像它本身的内涵一样，牛气冲天了。最近几年，我国深圳和浦东的股票交易市场也相继雕塑了铜牛。

在北京时间2009年11月17日凌晨，为了庆祝中美建交30周年，美中友好协会还在华尔街“铜牛”旁升起了鲜红的中国国旗。这是历史上中国国旗第一次在华尔街铜牛前升起。此次升旗仪式正逢美国总统奥巴马访华。活动主办方以此希望美中关系能如同华尔街铜牛所代表的那样，永远蒸蒸日上。这场景让在美国的华人、华侨们倍感自豪。

经过一天的奔波，我们累了，女儿也在手推车上睡着了，看着她劳累的样子，真让人心疼。

回家的路上我想，华尔街的故事很多，不是走走看看就能全面了解的。比如铜牛不在华尔街，但在游客的心里却认为它是华尔街的一部分；三一教堂的具体位置是在百老汇，只是和华尔街西端连接，也被游客认为在华尔街。

但是，美国人的看法更具体一些。

记得在1940年，美国出版了弗里德里克·施威德写的一本关于华尔街的畅销书《客户的游艇在哪里？》，讲的是二十世纪早期在华尔街上发生的故事，书中引用了这么一段话：美国有一个古老而充满敌意的笑话说，华尔街是这样一条街，它的一端是一条河，另一端是一座坟墓。

这段话一方面说明富可敌国的华尔街在地理意义上不过是一条区区小街；但它折射出美国社会一直存在着对华尔街厌恶和嘲讽的心理，在很多人的心目中，华尔街是一个自私、贪婪又充满罪恶的地方。

弗里德里克·施威德是华尔街一位著名的股市操盘手，他彻底厌倦了华尔街的生活，离开后写了这本书。该书出版后引起了世界轰动。施威德在引用这个笑话后补充说：这个笑话虽然十分生动，但却并不完全，它忽略了两者之间的“幼儿园”。他的意思是说，华尔街就是位于一条河与一座墓地之间的“幼儿园”。

为什么这样说呢？因为他觉得，在股市每天的涨涨跌跌中，华尔街人们的所作所为非常愚蠢和可笑，有时候就像小孩子一样。

50年之后的1989年，美国出版了另外一本有关华尔街的畅销书《说谎者的扑克游戏》，作者叫迈克尔·刘易斯，他和施威德一样，也是华尔街一名出色的股市操盘手，厌倦了华尔街的生活后离开，便开始写书。在《说谎者的扑克游戏》一书的卷首，迈克尔·刘易斯也同样引用了上面的那段话。

两本书前后相隔50年，但华尔街的形象在这50年里似乎没有太大的改变。在很多美国民众的心目中，它依然是一个金钱的游戏场所，那里是富人的天堂，穷人的地狱。

17

自由——美国人时不时的痛

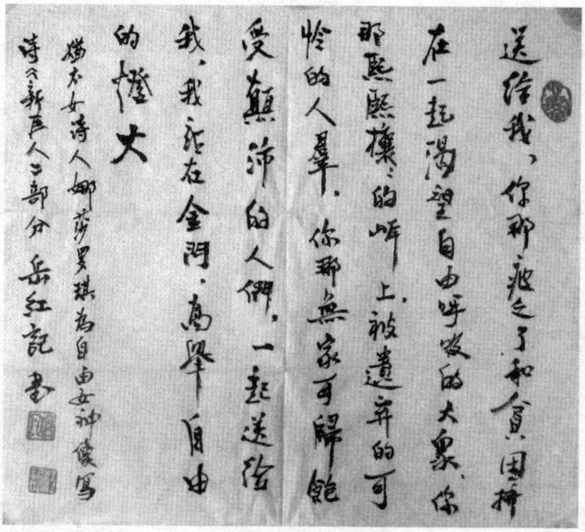
送給我，你那疲乏了和貧困擠在一起渴望自由呼吸的大衆，你那熙熙攘攘的岸上被遺弃的可怜的人羣，你那無家可歸飽受顛沛的人們，一起送給我。我站在金門，高擧自由的燈火
猶太女詩人娜莎罗琪為自由女神像寫詩之新巨人之部分 岳紅記書

在美国纽约南部曼哈顿的哈得孙河口有一个自由岛（Liberty Island)，岛上耸立着举世闻名、象征着美国人民争取自由的雕像——“自由女神”像(Statue of liberty)。

游客要参观自由女神像，是件很不容易的事。特别是在“9·11”事件之后，进出审查很严格；另外，由于游客很多，还得提前申请。所以，大多数游客会选择乘坐曼哈顿岛南段South Ferry 的免费轮渡，经过30分钟的行程到达对面的史泰登岛（Staten Island），轮渡每15分钟一趟，很方便。沿途可清晰地看见位于自由岛（Liberty Island)上的自由女神像。

2012年7月6日下午，我们一家人乘坐1号地铁线，在South Ferry站出地铁，就是直接通往Staten岛的轮渡大厅。

↑通往史泰登岛的轮渡

上了轮渡后，感觉它缓缓而行，蓝褐色的海浪尽情地拍打着船身，船身边激起了朵朵小浪花。海风拂面而来，煞是舒服。

在我们乘坐轮渡的不

远处，不时有其他船通过，点点白帆，组成了海面上美丽的风景。

游客们都争着到舱外的甲板上观看海上风光，有的手扶栏杆眺望远方，有的坐在甲板的椅子上聊天。我女儿高兴地在甲板上跳蹦，不时用手指着远处的轮船问不停，还要我给她照相。妻子不停地提醒她注意安全。

身在轮船上，远望曼哈顿岛南端的世贸大厦、帝国大厦等建筑，觉得它们在晴朗的天空下气势雄伟，显得更凸兀。

不一会儿，就看见不远处自由岛上的自由女神像了，她挺立在蓝天白云下，右手直伸，高举火炬，仿佛在向远方的游客打招呼。

甲板上的游客们兴奋地欢呼起来，用手指点着自由女神像，各自在寻找最佳位置拍照。在中国，大家都习惯称自由女神像为自由MM，有的小孩子称之为拿火烧老天屁股的女人，这个比喻很有意思。

自由女神像是法国人民赠给美国人民的礼物，是自由的象征。美国独立战争期间，法国曾是美国的盟友。1876年法国人民为纪念美国《独立宣言》发表100周年，就特意赠送给了美国人民这尊雕像。

↑轮渡上的女儿

→在海上看曼哈顿岛南端的世贸大厦、帝国大厦

↑和远处的自由女神合个影

→在轮渡上看远处的自由女神

创造这一世界艺术杰作的是法国雕塑家弗雷德里克·奥古斯特·巴托尔迪。他是19世纪末一位伟大的多产艺术家，1834年8月2日出生于一个居住在法国的意大利家庭。

女神的形象源于他在17岁时亲眼目睹且令人气愤难忘的一幕。1851年路易·波拿巴发动了推翻法兰西第二共和国的政变。一天，一群共和国党人在街头筑起防御工事，与政变者展开巷战。暮色苍茫时，一位忠于共和政权的年轻姑娘，手持燃烧的火炬，跃过障碍物，高呼着“前进”的口号向敌人冲去，波拿巴士兵的枪声响了，姑娘倒在了血泊中。年轻的巴托尔迪亲眼目睹了姑娘牺牲的一幕，心情久久不能平静。从此，这位姑娘高擎火炬的勇敢形象就成了雕塑家心中追求自由的象征。

但创作自由女神这一艺术杰作的灵感是巴托尔迪在1865年遇到当时法国著名历史学家、自由主义者，对美国民主予以热情赞美的爱德华·拉布莱后产生的。拉布莱意识到，11年以后美国将要在1876年庆祝独立100周年，就提议法国应该向美国赠送一件可观的礼物。这个提议激发了巴托尔迪的想象力，他建议雕塑一座自由纪念像，并主动提出愿意奉献自己的雕塑艺术作品。

接下来的构思和创作颇为艰辛，也富有戏剧性。

当巴托尔迪决定塑造一座象征自由的塑像后，却苦苦找不到模特。没过多久，他在一次婚礼上邂逅了一位叫让娜·埃米丽巴赫·皮瑟的白种姑娘，她是位女帽设计师，长得美丽端庄，仪态万方，皮肤呈浅黑，具有女神般的体态。在遇到让娜的那一刻，巴托尔迪眼前一亮，觉得她就是自己那“照亮全球自由”女神像的模特儿。于是，他勇敢地向让娜提出了自己的要求。没想到她欣然同意了。后来，在雕塑过程中，二人之间产生了爱情，并最终结为夫妻。

巴托尔迪在最终设计自由女神像时，既参照了古希腊一些女神的雕像，又融进了他母亲和妻子的形象。据巴托尔迪的玄孙女弗兰伊西丝透露，巴托尔迪自幼深得母亲的宠爱，为了表达自己对母亲的敬爱，他决定以母亲作为自由女神像的模特，后又觉得让母亲长时间的站立并用手高举火炬太辛苦了，于是只选用了母亲的头部。这就是我们现在看到的女神像，形体以巴特尔迪的妻子为创作原型，面容则取自他的母亲。

巴托尔迪坚信自由女神像是法美两国人民友好的象征。1871年6月他远航美国考察，当轮船在晨曦的微光中驶入纽约港的时候，他被那伸向海湾的贝德罗岛（后改名为自由岛）的壮观景象深深吸引住了。“我的自由女神像一定要建在这里。”他想到，“就在这里，人们最早觉察，发现新世界；就在这里，自由的光辉照耀着两个不同的世界。”

1875年1月，拉布莱创建了法美联合会，帮助巴托尔迪解决雕像所需资金。为了引起公众的注意，1876年巴托尔迪参加在费城举行的庆祝美国独立

100周年的博览会。他把自由女神执火炬的手在博览会上展出，仅手的食指就长达2.44米，粗为1米多，指甲为25厘米厚，12个人可以站在火炬边上，参观者望而生畏。这只大手一下子轰动了美国。美国人这时才认识到法国人民要向他们国家赠送的礼物是件多么美的艺术品。美国国会立即通过决议，正式批准总统提出接受女神像的请求，并将贝德罗岛改名为自由岛，被确定为放置女神像的地点。

1869年巴托尔迪完成自由女神像的草图设计，1874年造像工程开工，1884年5月21日传世佳作——自由女神像竣工，前后历时15年。

1884年7月6日，自由女神像正式赠送给美国。同年8月5日，自由女神像底座奠基工程在自由岛动工。其基座由花岗石混凝土制成，1885年末雕像基座完工。同年，女神铜像在巴黎分体制作完工，然后装箱。仅包装女神像120吨的钢铁和80吨的铜片外衣就花了三个月时间。1886年6月自由女神像在法国卢昂港码头装上舰艇，在美国军舰的护航下于6月17日运抵纽约港后，几千只船鸣笛致意，码头上、甲板上，人山人海，全城向女神像的到达致以热烈欢迎。

接着，75 名工人像蚂蚁似的趴在高高的脚手架上，用30万只铆钉把自由女神像约100多块分体部件固定在支架上。10月中旬安装完毕，10月28日举行盛大揭幕典礼。当日美国总统格罗弗·克利夫兰亲自参加了自由女神像的揭幕典礼，并发表了热情洋溢的讲话。之后，到巴托尔迪讲话时，却找不见他的人影。

人们抬起头来，才发现裹着法国国旗的自由女神像头上，站立的正是巴托尔迪。此时，他猛的拉开系着法国国旗的绳子，巨大的国旗便在空中高高飘扬，自由女神像向观众露出了她庄严的面容。人群沸腾了……

自由女神像连同底座总高为93米，是当时世界上最高的纪念性建筑。女神像高46.1米，其中右手高擎的火炬长达12米。底座由美国人设计、集资筑

↑自由女神像的内部结构及电梯

成，高为46.9米。自由女神像全称为“自由女神铜像国家纪念碑”，正式名称是“照耀世界的自由女神”。

铜像内部的钢铁支架是由建筑师维雷勃杜克和建造巴黎埃菲尔铁塔的法国工程师埃菲尔设计制作。女神像外实内空，底座内有供游人参观的展览厅和影像馆，馆里陈列有大量的史料、图片、实物，向游人详细介绍女神像的历史和现状。中空的女神像内部分为22层，有电梯可抵达第10层，再上面就是几乎垂直上升的170级螺旋形阶梯，游客可攀登到雕像女神最高层的头冠口部。（“9·11事件”后，游客被禁止登上自由女神像的头冠部分参观）

从此，自由女神像作为美国的象征，高高地耸立在纽约港口的自由岛上。1924年自由女神像被宣布为美国国家纪念地。1984年美国政府将自由女神像列入世界遗产名录。

随着轮船驶近女神像，我对自由女神像看得更清楚了，她的形象似乎更加高大，在中午阳光的照射下，熠熠生辉，光芒四射。

只见她右手高擎着象征自由的火炬，头上的桂冠有七枝尖角，代表了自由之光放射到世界七大洲。她双唇紧闭，身着罗马式宽松长袍，左手紧握一铜书板，上面用罗马数字“July IV MDCCLXX VI”（1776年7月4日）刻着美国《独立宣言》的发表日期，这是对美国获得独立的祝贺。她的脚上散落着已断裂的锁链，以此象征暴政统治已被推翻。右脚跟抬起作行进状。雕像整体表现的是一个挣脱枷锁、挺身前行的反抗者形象。女神气宇轩昂、神态刚毅，给人以凛然不可侵犯之感。但她端庄丰盈的体态又似一位古希腊美女，使人感到亲切而自然。

看着她的形象，我不由得想起了自由女神像基石上镌刻的美国犹太女诗人艾玛·拉撒路赞美自由女神的诗——《新巨人》：

不似希腊伟岸铜塑雕像
拥有征服疆域的臂膀
红霞落波之门你巍然屹立
高举灯盏喷薄光芒
您凝聚流光的名字——
放逐者之母
把广袤大地照亮
凝视中宽柔撒满长桥、海港
扼守你们旷古虚华的土地与功勋吧！”她呼喊
颤栗着缄默的双唇
把你
那劳瘁贫贱的流民
那向往自由呼吸，又被无情抛弃
那拥挤于彼岸悲惨哀吟

那骤雨暴风中翻覆的惊魂
全都给我
我高举灯盏伫立金门
高举自由的灯火

这是一首脍炙人口的诗，人们非常喜欢它。这首诗喊出了美国人民追求自由、幸福的心情，而自由女神像就是他们的代表。自1886年自由女神像矗立在自由岛上之后，至今近130年来，她手持火炬，日夜守望着这座大都会，

↑自由女神像局部

迎来了19世纪末以来到美国定居的千百万移民。特别是这首诗的最后几句广为流传：

送给我
你那些疲乏了的和贫困的挤在一起渴望自由呼吸的大众，
你那熙熙攘攘的岸上被遗弃的可怜的人群
你那无家可归饱受颠沛的人们
一起送给我
我站在金门口
高举起自由的灯火

是的，渴望自由，追求自由，是全世界人民的共同理想。世界上许多人认为美国是一片自由的乐土，一百多年来，成千上百万的移民来到这里，寻找自己心中理想的自由之地。同时也为这片土地的繁荣做出了贡献。但这片热土是真正的自由之地吗？

的确，这里有言论、出版、信仰、请愿等的自由，也有持枪的自由，但是这么多的自由，却给美国人民的生活带来许多不安；特别是持枪的自由成了美国人心中时不时的痛。因为频繁发生的枪杀案，让美国人惨不忍睹，心存余悸。

自从20世纪60年代总统肯尼迪、民权运动领袖马丁·路德·金和参议员罗伯特·肯尼迪相继被暗杀后，到今天伤亡众多的校园枪击案和公共场合枪击案，已经使100多万美国人失去了生命，远远超过美国内战时的伤亡人数。于是枪支管制问题成为美国政治辩论和政治竞选的焦点议题，它与妇女堕胎权、同性恋婚姻权一起，构成了美国保守派和自由派“文化战争”的三大主题。

多年来，持枪与禁枪在美国国会上始终争论不休。持枪是美国《权利法案》赋予人民保卫自己人身安全的权利和自由，如果禁止它就违法了宪法第二修正案 “管理良好的民兵，为保障自由州的安全所必需，人民持有和携带武器的权利不得侵犯” 的规定。可见，美国公民个人持有枪支是一项不可剥夺的基本人权，它受美国宪法保护，政府无权禁止。

如此看来，美国人民自由的代价是用失去亲人的痛苦，甚至是流血牺牲换来的，这样的自由能否是真正的自由？

其实，世界上不存在有真正自由的地方。如果有的话，我想，就在东晋陶渊明的《桃花源记》里。

18

出门别忘带本书

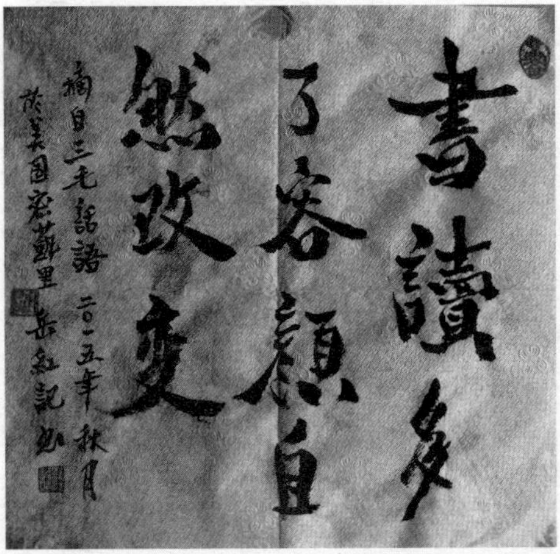
書讀多
了容顏自
然改變
摘自三毛語錄 二〇一五年秋月
於美国密蘇里 岳紅記

2012年5月至7月在美国时，我们一家人走了一些地方。给我留下最深印象的是美国人爱看书，无论在车站候车厅、飞机上、火车上、地铁上、公园里……总看到有人在看书。

记得有一天早上，我们一家人从斯波坎市乘坐火车到美国西北部俄勒冈州的最大城市波特兰（Portland）时，途中上来两个由奶奶带的小女孩，她们恰好坐在我们的前一排。这两个女孩年龄差不多大，我还以为是对双胞胎。后来才知道，一个6岁，另一个7岁。

这俩孩子，每人背着一个粉红色书包。落座后，她们打开书包，取出一本儿书，认真看起来。美国火车上座位的设置和飞机上一样，每个人前面有一个可折叠板，方便旅客在火车上看书或者使用电脑。半个小时以后，奶奶给每个人发了一包小零食，她们吃完后，再继续看书。后来，火车到了下一站，她们下车了。就是这一个小时里，两个孩子很安静，也看不到她们玩手机游戏。她们看书的行为也感染了我的女儿。

美国的火车很慢，每到一站，总要停一会儿。在大站停的时间更长。上午12点火车到了波特兰，要在这里停留2个小时，才开始启动。

于是，我们下了火车。到附近走走。在候车厅，我看到了一位年轻妈妈，一手抱着小孩，一手在操作电脑。我还以为她在玩游戏，就从她的身后绕过去，用眼睛瞄了一下，才知道她在做一个图表。她旁边还有几个老人，有的拿着书在看。其中有一对头发花白、戴着老花镜的老夫妇，一人手中一本书专心地看着。那一刻，我有些担心他们会误了乘车时间。

后来，我们一家人从旧金山坐汽车去洛杉矶时，在车站的候车厅里等车时，进来两个小伙子，看到没有座位，就在墙边找一个地方坐下后，从背包里掏出笔记本，放在腿上打开工作起来。

另一个径直走到角落里，也坐下来，把笔记本的电源线插进墙上的插座里，边充电边工作，全然不顾周围的环境。在这里，顺便提一下，美国的公共场所，都有充电设施，你不必担心手机或者笔记本没有电。

后来，我们到了洛杉矶后，去Santa Monica State Beach（圣莫妮卡海滩）玩。蔚蓝色的大海上，浪花一个跟着一个涌上金黄色的海滩，亲吻着踏浪人的脚，痒痒的，很舒服。沙滩上有很多人，有的跑步，有的散步，有的骑自行车，有的游泳。一个金黄头发的女士引起了我的注意。只见她戴着墨镜，穿着三点式游泳衣，趴在沙滩上，修长的腿，健壮的身体，肩膀上还有纹身。她的身子下面铺了一条浴巾，身旁还放着一个背包。起初，我还以为她

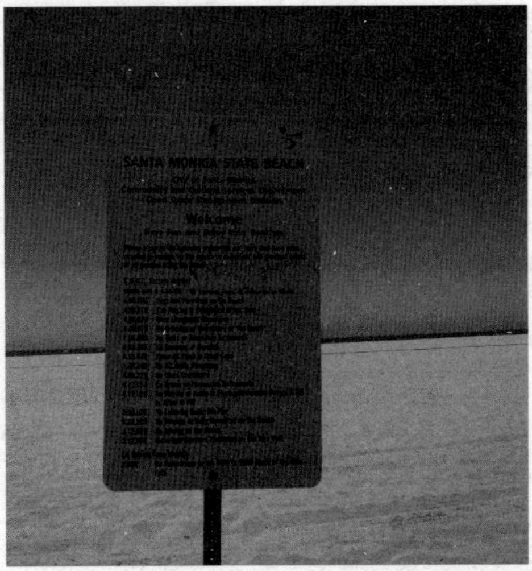

←洛杉矶的圣莫妮卡海滩

→洛杉矶圣莫妮卡海滩上读书的美国女士

在晒太阳浴。

后来，仔细看，我才发现她在看一本书，看得认真、专注，一动不动。周围走过的人对她来说，好像不存在似的。

阳光、海浪、沙滩、读书的美女……是多么美妙的风景呀！这是多么奇特、奢侈的读书方式呀！这种读书行为，在国内的沙滩上是见不到的。

后来，我们从拉斯维加斯乘飞机到纽约去。一上飞机，我四周打量了一番，看到旁边的乘客几乎人手一书。一路上有的人眼睛痴痴地一直盯着书本看，直到下飞机，也有人读一阵子休息一会儿。

在纽约的5天时间里，我们出门多是乘坐地铁。纽约是美国极少数人口密集且地铁很发达的城市。记得第一天坐地铁时，我惊讶的看到许多纽约人一上车随时从包里掏出一本书或者电子阅读器津津有味地读起来，无论是背书包的学生、西装革履的上班族，还是拄着拐杖的老人、带孩子的妈妈，至于拿着报纸看的人也不少。这状况，让我们这些“老外”感叹万分，“美国人真爱读书呀！”

这种现象见的多了，引起了我的思考。我便咨询一位美国朋友。他说，美国人很少浪费时间，人们通常把工作、学习、休闲三者安排得很紧。

美国人读书不分男女老少，上到八十岁的老人，下到五岁的儿童。美国

文

美国纽约地铁上的读书人

人读书也不分工作性质，教授、公司职员、农夫、收银员……都在读书。美国人的读书态度之所以可取，就是因为他们把读书视为生活的一部分。不管是在哪里，只要有时间，就看书，已经形成了一种全民读书的氛围。即使他们到了国外其他国家也是这样。

记得我回国后，2013年夏天到南京去出差。回西安时，在南京火车站候车厅看到的一幕，让我久久难忘。

当时离检票还有一个小时，车站的椅子上已经坐满了人。有的人就站在过道里排队等。隔了一排椅子，另一条过道里的两个外国白人小伙子吸引了我的眼球。

只见他们并排站着，身后背一个大大的绿色双肩包，看样子是大学生。有可能是来中国旅游的，也有可能是在中国留学。令我吃惊的是，他们每人手里拿着一本英文书，看的很认真。全然不顾周围的吵杂、喧哗，好像进入了一种忘我的境界。与他们形成鲜明对比的是，中国乘客，年轻人在玩手机游戏，年长的没事做就和别人聊天。他们说话的声音很大，也不顾及周围人的感受。总之，大家采取不同的方式来消磨这些时间，就是没有人看书。由于我和他们不是一趟火车，就一直看着这两个外国小伙子的身影进入了检票口。

后来，我把这现象告诉去过欧洲的几位朋友。他们说，在欧洲这种现象也很普遍。

于是，我明白了。读书，在欧美发达国家已经成为一种习惯。无论在哪里，随时随地都可以看书。或许这也正是他们发达的原因。

而中国人对读书是有偏见和误解的。认为读书主要是知识分子、学生、科研人员的事情，自己读不读书，关系不大。另外，中国人因自古受“书中自有颜如玉，书中自有黄金屋”的影响，读书的功利性和目的性很强。而欧美地区的人读书，是性情中的读书，为了提高自己的修养和获得更多知识。

因为他们坚信“知识就是力量”。还有，国人把读书看的很隆重，读书时要有“红袖添香”，要有书童伺候。而美国人，在火车上、地铁里、候车厅、草地上、海滩、大街的椅子……随时随地都可以读书。他们认为，读书是生活中很平常的一件事，不必那么讲究。

目前在中国，休闲、娱乐已经成为一种时尚。在地铁里、火车上、车站等公共场所，我们常常会看到这样一幕——

大多数年轻人手里拿着手机在玩弄，要么打游戏、要么看电影、要么上网聊天、要么刷微博，就连一些小孩也拿着手机或者ipad在玩，有的是孩子和大人一起玩，他们也很专注、认真。很少见到有小孩子或者大人出门时看书的情景。看来，有人把手机游戏喻为“新时代的鸦片”，还是有一定道理的。

更甚者，有一些年轻妈妈用ipad和手机游戏来哄小孩玩。这样，孩子们自小就知道了打游戏的妙处。有些幼儿园的老师，以放电视、DV动画片或者玩游戏的方式替代授课内容。于是，我们的孩子从小接受的就是这种玩的教育，他们会慢慢上瘾，渐渐沉迷于其中。何谈培养读书习惯?

国内的小孩，从小就被父母陪着上各种文化辅导班、奥数班。我亲眼看见，家长在教室外边等候时，很少有人看书，大多是在玩手机。孩子们中途休息时，出来看见大人在玩手机，也就玩一会儿当做休息。这就是我们的家长给孩子的榜样。而美国的家长，出门时总要给孩子和自己带上一本书。所以说，在美国，孩子们闻着墨香长大，在中国，孩子们伴着应试成长!

电视、DVD、游戏以及手机等，都是外国人发明的。这些本来是一种获取知识、信息和交流沟通的便利工具。而中国人使用它们时，就走向了另一个极端——玩游戏，并且发挥得淋漓尽致。

据有关资料透露，国内的大部分游戏产品来自于日本、韩国、美国。他们发明的游戏软件及其他产品的主要目标市场是中国，很少在本国内销售。再加之国内一些经销商的广告传播，美其名曰有助于儿童智力的开发，国人很快就接受了。当我们的下一代在游戏机前玩得很快乐时，国外的供货商在乐呵呵地数着大把大把的钞票，而国内经销商挣的钱还不足人家的三分之一。

一个国家和民族的未来靠的是下一代。以前看到过西方"资产阶级"要打败无产阶级的豪言壮语，说他们的希望不是第一代、第二代，而是第三代，甚至是第四代。当时，我很不理解，总认为，他们的下一代在成长，我们的下一代也在成长呀。现在，我慢慢地明白了其中的道理。

每当我从一些手机专卖店门口经过时，看见一些小孩在认真玩手机游戏、玩ipad，我的心里很不是滋味。发达国家的法律对孩子玩游戏的年龄有严格的限制。但对中国的游戏产品市场，他们的定位和推广是从娃娃抓起。而我们的政府和家长，是否意识到孩子们沉迷于玩游戏的危害和后果——不仅仅伤害了他们的眼睛，更重要的是把孩子们的智力引向极端。

玩者，不恭也，以其随意也。玩物丧志。中国历史上这样的例子太多了。小到一个家族，大到一个国家，就是在玩中走向衰败，直到灭亡。

春秋时期，卫国的第十八代君主卫懿公，非常喜欢鹤，整日与之为伴，如痴如迷，丧失了进取之志，常不理朝政、不问民情。他不仅给予鹤以极高的地位和待遇，同时每年为此耗费大量资财，使得朝臣不满，百姓怨声载道。公元前659年，北狄部落入侵卫国，懿公无奈之下，只得亲自带兵出征，终战败而死。

南齐东昏侯萧宝卷是赫赫有名的昏君，喜欢捕老鼠、睡懒觉、驱百姓、出游玩乐……各种奇怪行为，每次陪他玩耍的人就有好几千。一看到他来，半个京城的百姓都被吓得东奔西躲。他即位后仅两年，萧衍就起兵围困建康（今南京），一代市侩皇帝被部将杀死，年仅19岁。

唐僖宗李儇嗜好骑马、斗鸡和蹴鞠。据说，他有时一玩就是两三个时辰，连饭都忘了吃，急得身边的太监侍女们团团转。他还多次勒令地方官员举荐球技高超的青年入宫陪他击球，有不少人因善蹴鞠而被封为封疆大吏。

后来，王仙芝在长恒起义，随后黄巢响应。李克用进兵长安，僖宗四处逃命，文德元年（888年）忧愤而死。

明世宗朱厚熜对猫情有独钟。他给自己最喜爱的两只猫取名为雪眉和狮猫，还将"雪眉"封为"虬龙"。后虬龙死，世宗几天不吃不喝，将它葬于万岁山，并立碑刻文，题名"虬龙墓"，并命人用黄金铸造一棺材，装敛之。又举行隆重的葬礼，还请当朝大臣为它作祭文。简直是爱猫胜过爱江山。而当时正是严嵩专权朝政、祸国殃民的时代。

满清本是一个骁勇粗犷的民族。在入关之前，制服了曾经横扫天下的蒙古族。入关以后，世居京师，整个八旗便成了悠闲阶层，生活开始腐化。到了乾隆年间，八旗军的腐化堕落已日渐明显。他们终日肥马轻裘，挥霍无度，精神空虚到了极点。这种悠闲而又有相当社会地位的处境，使得他们的文化心态开始急剧异化，浮夸柔弱的风气代替了剽悍骁勇的尚武精神，漫长的富裕和闲雅时光，把他们身上最后的一点草原血性慢慢磨掉。从此，他们便在繁缛礼节和声色犬马中消遣人生。再加之好多人吸鸦片，斗志全无。整个国家及其家族衰落到了极点。

最近，我有个在宁波工作的学生。打电话问候我。之后她说自己平时工作很忙，几乎没有时间看书，有时候出门就在包里装一本书，在等车或者等人时拿出来看看。此时，就会看到别人异样的眼光，让她觉得很不舒服。与周围在玩手机的人相比，她问我她是不是显得很OUT了？

我鼓励她说，你做的很对，就这样坚持下去，走自己的路，不要管别人的看法和眼光。最后，我叮嘱她，出门别忘带一本书。

通话完毕，我的心里有些微欣喜，但愿这样的学生更多一些，但愿读书能成为我们生活中的一部分。

19

尊重未必是同情

壽

2008年的下半年，我曾主持过一项关于盲人定向行走训练方面的课题。在课题的研究过程中，我带领学生到残疾人家庭、西安市盲校、智障培训中心等地进行实际调研。通过那段时间对残疾人的接触和了解，我心灵深处对他们的敬意和同情与日俱增，他们对生活的热爱、他们的乐观、他们的毅力……给我留下了深深的印象。另外，我还了解了一些国内外关于残疾人无障碍通行、无障碍设施以及有关残疾人法规政策的知识。

要使残疾人和正常人一样生活，就必须为其创造无障碍环境，它包括物质环境的无障碍、信息交流环境的无障碍。物质环境的无障碍主要是要求城市道路、公共建筑物和居住区的规划、设计、建设应方便残疾人通行和使用，如城市道路应方便坐轮椅者、拄拐杖者、视力残疾者和其他有特殊需求者通行，建筑物的出入口，如地面、电梯、扶手、厕所、房间、柜台等处，应为残疾人设置可使用的相应设施，方便他们通行。信息交流的无障碍主要是要求公共服务、公共传媒等使听力、言语和视力残疾者能够获得信息，畅通交流，包括如何使用手语、盲文和影视作品、电视节目要加配字幕、解说以及制作盲人有声读物等。所以说，无障碍设施建设水平的高低是衡量一个国家和社会文明程度的重要标志。

2012年5月到美国时，我就特别留意美国残疾人的出行情况。

美国是世界上第一个制订“无障碍标准”的国家，美国社会组织对无障碍的设计要求最初是在20世纪50年代末期提出的。当时的目的是为了方便二战期间受伤的残疾军人，使他们能够就业且不受环境条件的限制。

现在，无障碍设计不仅服务于全美3700万残疾人，而且使全民受益。该国的无障碍环境建设既有多层次的立法保障，还进入了科研与教育领域，如美国在一些大专院校设立由政府拨给经费的无障碍技术基本数据测试的专题项目，为制订统一标准提供依据。美国各种无障碍设施既有全方位的布局，又有与建筑艺术协调统一，同时给残疾人、老年人和带小孩的父母出行带来了方便与安全，堪称世界一流水平。

美国的联合国大厦、国会大厦、总统府白宫、国立图书馆、高等法院及新建的国家美术馆、肯尼迪中心和宇航博物馆等，自外而内有关无障碍的系列设施，在位置以及与其他设施的关系方面都安排得比较适当，功能齐备，形式上也令人接受。

←美国街道残疾人专用停车标志

←美国公交车上为轮椅车专用的钢板

不管走到美国的哪个城市，都设置有残疾人的专用停车道。这个位置，没有任何车辆敢占用。如纽约自由女神像经过1986年改造后，在底座中心增设了一台直通顶部的电梯，专门供给残疾人和老年人使用。而一般游人登高远眺要使用外侧的楼梯，在华盛顿大教堂等处的电梯也同样如此。

华盛顿DC区国会大厦的正门有一排高大的台阶。在左侧门广场前建有残疾人通行的扇形石砌坡道，该坡道与侧门前改建的木坡道相连，可通过木坡道进入大厦。大厦室内走廊、过厅地面的台阶，也被精心改造成坡道。另外，国会里面的电梯、电话、洗手间配备了方便残疾人使用的设施。

西雅图市的市中心地形坡度极大，为了适应地形，大多数建筑物的门前设置了台阶，但同时尽可能留出多余的地方，建成平进平出的通道，以供残疾人的轮椅车进入。

美国是个“车轮上的国家”，开车容易停车难，但是，再难，停车场肯定会留出一定比例的残疾人专用停车位，优先保证残疾人方便停车。这些残疾人停车位，或者在地上画一个国际通用的“蓝底色白色轮椅”图案标志，或者立一个残疾人停车标示牌。残疾人的停车位一般都划在停车场里车辆进出最方便的位置。各州政府的交管部门都会处理残疾人停车位的申请，给他们颁发一个带有轮椅标志的停车卡或者车牌照。

假如非残疾人有意或者无意占用了残疾人停车位，交管部门会对其处以100美元到500美元的罚款，有的还会将车拖走，车主除了交纳罚金，还得交一笔拖车费。因此，停车位再难找，一般人也不敢占残疾人的专用停车位。

2012年6月2日，我们一家人从美国的切尼市乘坐66路公交车到斯波坎市去购物，车行了两站以后，我有幸看到两个残疾人（也可能是行动不便的老人）乘坐公交车的全过程。

第一个上车的是一位戴着棕深色眼镜的老年妇女。站牌下，老人开的红色轮椅车很醒目。她戴着圆顶绒帽，身着浅蓝色外套，灰紫色绒裤，红色鞋子，全身服装的颜色搭配很好，在轮椅搭脚的地方放着一只深蓝色的包。

司机看到老人要乘车，汽车稳稳地停下来，只听“哧”的一声，汽车

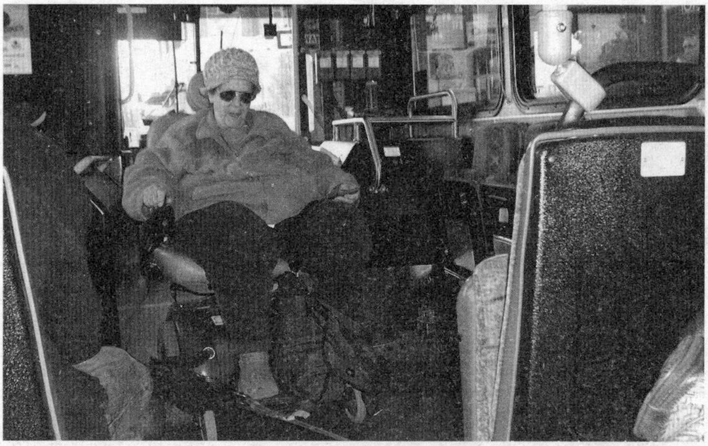

美国公交车上开轮椅车乘公交车的残疾人（或者老人）

的车身矮了一截，整个车身和路沿一样平，接着从车门里缓缓“吐”出一块铁板，搭在路沿上，老人自己开着电动轮椅车沿着钢板进了公交车。司机用车上的绷带，从四个方向把轮椅固定在公交车里的残疾人专用位置上。下车时，司机站起来帮老人松了绑带，把老人送下车。也同样是汽车变矮，车内吐出钢板为轮椅搭桥。

美国的公交车上，乘客进门的左侧有一个平台，上面是用钢管焊接的围栏，乘客可以在上面放置比较大的行李。行李台后边有一块宽大的空间，专供残疾人的轮椅车停放。此处的车侧旁画着残疾人的轮椅标志，并写着残疾人轮椅专用位置的字样。同时，在车侧还装置着一张三人可以坐的折叠椅，没有残疾人轮椅停放时，折叠椅可以放下来，如果有轮椅上来，上面坐的人必须离开，把它折叠起来，就可留出宽敞的空间。

第一个老人下车后，公交车行了一站，上来一个胡子花白、戴眼镜的老头。他头上是棕色尖圆顶毡帽，胸前挎一个棕色包，下身穿一件宽大的背带牛仔服。老人左手拿着一个蓝色带花的热水瓶，右手操控着黑色轮椅。他一直坐到终点站。此时，车上的乘客都下完了，只有我们一家三口和他。

此时，我趁机要给老人照张相，他很高兴地同意了，并且坐直了身子，把热水壶倒在右手拿着，显得很有精神。

美国的无障碍通行设施随处可见，不仅仅是残疾人受益，还有行动不便的老人和带小孩的妈妈。在大街上，随时可以看见年轻妈妈一个人带着两个甚至三个小孩轻松自如地逛街购物。这种情况，在国内一个人是难以完成的。

我们在美国旅行期间，女儿有时候走累了，睡着了，我必须抱着她走。于是，我们就给她买了一辆简易折叠手推车。

这辆手推车，让我们在行程中节省了许多体力。更重要的是，我们推着女儿乘飞机、上火车、坐汽车时，都有优先通行权。在美国，上下过街天桥时，都有残疾人专用电梯直达桥面。在地铁、商场等地方，也有残疾人的直达电梯。所以行动不便的老人或者残疾人，开着自己的电动轮椅，任何地方都可以自由进入，和正常人的通行没有什么两样。

就是这辆手推车，也伴随着我们一家三口，从美国的西海岸一直旅行到东海岸，又从东海岸旅行到我们的住处——华盛顿州的切尼市，最后又伴随着我们从美国飞回西安。

回到西安的第三天，妻子到小寨的一家商场去购物。女儿也要跟着去。她就带着女儿的手推车。出了家属院，要过长安中路西安音乐学院的过街天桥时，她只好把手推车折叠起来，提在手上。上下小寨十字的环形立交桥也是如此。到了商场，也没有专用的直达电梯，也只好提着。买完东西，妻子让女儿坐在车子上，买的东西也挂在手推车上。

在回家的路上女儿睡着了。过天桥时，她遇到麻烦了。如果抱着女儿，那物品和手推车没有办法拿。如果不抱女儿，就不能回家。情急之中，她给我打电话让我去接她。我在电话里说："你不是带着手推车嘛？""再别提

←为女儿买的简易手推车，图为女儿在斯坦福大学校园的留影

手推车了，都是它惹的祸！”电话中妻子愤愤不平。我禁不住笑起来，“是手推车惹的祸吗？”

从此以后，我们出门时再也没有携带过女儿的手推车。它被折叠起来，静静地躺在屋子的角落里。只是女儿偶尔在家把它打开当成了一个玩具坐坐。

仔细观察一下，无论是在西安还是国内其他城市，建过街天桥时，在设计和施工的过程中，很少考虑老人、残疾人、小孩子们的手推车如何经过。也许是规划者忽略了，也许是他们认为老人、残疾人不需要出门。

我曾经参与过当地政府的一些课题，就建议能否将残疾人无障碍通行作为一项课题，写一份研究报告递交给政府主管部门，希望引起他们的关注，好让残疾人的出门状况有所改进。而管理课题的工作人员说，你这个想法很好，但要列入课题研究，不是当地政府现在考虑的研究范畴。你应该考虑如何有利于促进当地经济发展的选题，才有可能被列入。我默然了，有心无力。

在中国，主管残疾人工作的是中国残疾人联合会（简称中国残联），具体到各地，都有残疾人联合会。国内好多人误认为是一个民间机构，其实，它是一个政府机构。通过这几年我和西安市莲湖区残疾人联合会的来往，我对残疾人的工作和管理有了一些了解。中国残联只能给残疾人提供培训、物质帮助、精神支持，但好多事情他们是不能解决的。比如，应给残疾人设置专用停车位，他们管不了；公共厕所和商场应给残疾人建专用蹲位及便池，他们管不了；建过街天桥时，应给残疾人建设专用上下电梯，他们管不了；商场和公园等公共场所，应设置残疾人、老人、小孩的专用通道，他们管不了。好多为残疾人、老人、小孩该考虑的没有考虑，该建设的没有建设。可见，对残疾人的关爱，不仅仅是中国残联及其系统的事情，而是全社会的事情。

目前，北京、上海、广州等一些城市，虽然在一些公共场所建设了一些残疾人设施，如建筑物门前坡道的建设等，但总体情况与国外发达国家相比，还是很不完善。残疾人、老年人还是不能够自己独立出行。

我认为，随着中国人口老龄化进一步加剧，老年人以后如何出行和生活自理将是政府实施社会管理的一个难题。老人、残疾人生活不能自理，不能自由出行，不仅给家人，也给社会造成了沉重的负担。

可见，关爱弱势群体，不仅仅是在物质上的帮助，更重要的是在其他设施建设的细节上。让残疾人过上正常人一样的生活，这才是真正的关爱。

尊重未必是同情，如果残疾人的生活能够自理的话，他们并不愿意接受特殊的照顾，只愿意自己做自己的主人，过上和正常人一样的生活。

20

快乐购物、快乐退物

树林中古居
二〇一五年夏于

在美国，购物和退物是一样的快乐，且简单方便，我们曾经历过。

2012年6月在美国时，妻子在华盛顿州斯波坎市的沃尔玛（Wal-Mart）商场买了一台日本产的微型照相机。用了二十多天后，感觉很不顺手。由于机型太小，在曝光的一瞬间，左手指就容易压住闪光灯的弹出部位，阻止了它快速弹出。于是，我们决定退掉它。

当时我和女儿刚到美国不久，还没有逛过美国的大超市，妻子就带着我们在一个周六的下午走进沃尔玛商城。

↓美国斯波坎市郊区沃尔玛超市门前的停车场

沃尔玛不在市区，而在郊外，还得乘公交车去。经过30分钟的车程，我们来到距离斯波坎市最近的一家沃尔玛超市。超市设在一层平房里，外边有一个水泥铺的大停车场，上面已经免费停满了各种车。后来我才知道，美国的大型超市，像克罗格(Kroger)、凯马特(Kmart)、艾伯森(Albertsons)、萨夫威公司(Safeway Inc.)、Costco等超市多建在郊区。

走进超市，呈现在我眼前的是进门口的地方排了两行队，一行是买了商品往外出的顾客，一行是正在排队退货的顾客。

妻子去排队退相机。我领着女儿在旁边闲看。只见门口有一位中年女性负责查验票据。她短发齐耳，手里拿着一支笔，把顾客出门时的购物小票看一下，在上面用笔一画即可。这和国内超市没有什么区别。

不同的是，她的微笑总让人感觉亲切、温暖。她还不停地对每一位顾客说着thank you、have a good day、have a nice day之类的感谢话。对有的顾客还询问他今天购物的感觉和心情等。我想，顾客买的不仅仅是商品，还有她那丰富灿烂的笑容以及关切的问候。所以，购物能不快乐吗？

在国内的超市，顾客出门时，服务员看着你，一声谢谢也懒得说。他们面孔平静，眼神呆滞，说话语气短促。让人觉得像是拿了他们家的东西似的。他们的笑容和问候很吝啬。顾客根本买不到。

再看退货的队伍，服务员是两个年轻女性，穿红色上衣，一个负责收货，一个负责退钱。她们对每一位顾客也很热情，始终带着微笑，还习惯性地询问退货原因。只要顾客带着当时的购物小票，随便说出一个理由，且在购物期限内（一般是1个月）都可以退。前提是要保证商品不是人为因素的损坏。她大概看一下商品完好无损后，把货物号码一登记，就给顾客退还全额现金，整个过程很简单。退完钱之后，她们仍然笑盈盈地建议顾客选购商场的其他物品，还说一些欢迎再来的话。

看到此，我不由地想起国内的一些大商场，虽然有免费退货的承诺，但

↑美国斯波坎市郊区沃尔玛超市入口

退货时间一般是购物后的一周时间内。当顾客去退货时，服务员很不高兴，百般推诿。理由很多，比如说顾客不会使用，或者说他们只是负责卖货，退货还需要经理签字，或者说有专门的退货管理人员等。此时的顾客只得给服务员说好话，求着人家。好不容易退了，心里总算舒了一口气。有时遇到态度强硬的服务员，坚决不退，顾客只好自认倒霉。因为你是客，人家是主，你有什么办法呢？总之，购物是快乐的，退货是艰难的，甚至是痛苦的。

妻子办完退货手续，招呼我们到里面转转，才使我的思维回到了现实。

走进超市里，看到货架上的货物从地面一直到屋顶塞的很满，真是名副其实“家庭仓储”超市。再看货物的价格标签，好便宜呀！几毛钱1磅苹果，一两块钱1磅西红柿，五六块一瓶洗剂用品，八九块钱一双布鞋，十几块钱一双运动鞋，八九十块一双名牌皮鞋，九十多块钱到七八百块钱的品牌照相机……另外，价格超过100美元的商品，旁边还标有可以按揭的信息——每个月只付多少钱，多长时间就可以全部付清。虽然你现在没钱，也可以正常生活。

看来，超前消费，今天花明天的钱，在美国很容易。办理这样的手续也很简单。因为大多数人购物用信用卡，很少用现金。只要你预期能按时还清这笔钱就可以了。

这价格依据中国人的消费心理来看，确实便宜。但初到美国的中国人在购物时，大多会把标签上的价格换算成人民币，乘以6块多钱后，就感觉贵了。

↓美国斯波坎市郊区 Costco商场为顾客提供的快餐区域

例如，在美国一个人每月工资3000美元，可以用2000块钱买足够的日常用品，甚至包括汽油费等的开支，其余1000块就可以消费在休闲与学习方面。而在中国，如果一个人每月3000块钱的工资，基本上够维持每个月的生活。很少有余钱用于休闲、学习。

美国超市的玩具、服装、鞋子、塑料用具……好多标有“Made in China”的字样，也有的标着越南、墨西哥等其他国家生产的字样。还有一些书，上面标有中国广州深圳印刷的英文字样。但是，我发现，只要是与吃有关的商品及药品都是美国或者加拿大生产的。可见，凡是与国内民众生理和健康有关的商品，美国很少从发展中国家进口或者委托其代理加工。

其实，在美国购物，是轻松愉快的事情。商场为顾客考虑的比较周全。在超市出门口的一个角落，专门为顾客设置一片吃快餐的区域。里面摆着十多张条形连体桌凳，供顾客坐。同时还售卖皮萨（pisa）、热狗（hot dog) 等快速食品及可乐、雪碧、咖啡等饮料，价格要比外边街上的便宜点，还配备有纸巾及其他用品。美国家庭购物多在周末，全家一起出动。多数顾客手推车里的物品装得很满，他们要准备好全家人一周的生活用品。顾客购物后，会在这里吃完便餐，再心满意足地开车回家去。

而国内超市，顾客在里面逛了好长时间，也买了好多货物。累了，饿了，在超市里既没有休息的地方，也没有专门吃食品的地方。所以，国内的顾客常常是快快乐乐来购物，饥肠辘辘走回家。

为什么中国商家不仿效美国的做法在超市设置一个区域，为顾客专门提供便餐呢?

另外，在美国超市的出口，顾客结完账后，装商品的塑料袋或者纸袋子由超市免费提供。至于袋子的数量，服务员会根据你买的商品种类分开装袋。而不是用一只袋子装满所有商品。比如，你买了两种商品，一个是肉类，一个是蔬菜类，服务员也会给你准备两只袋子，即使一只袋子能装下，也不混装在一起。而国内超市，以前的塑料袋是免费的，后来政府要保护环境，商场就不免费供应了。顾客要么自己带购物袋，要么掏钱购买。这样做，难道真正达到保护环境的目的了？

以上答案，只有商家知道。

21

我们什么时候不再『土豪』

To JH
Peaceful Home
2015.2

有人说，在世界的每一个角落里，只要有人类的地方，就有中国人的身影。

从秦代开始，中国人就有对外探索的精神。西汉张骞出使西域，唐代和尚唐三藏到印度取经，明代郑和下西洋，清末及民国时期好多爱国人士远渡重洋，到西方国家求学……当今，自20世纪80年代以来，更多的中国人以国

↑美国西雅图地铁的中国城站标志牌

事访问、留学、访学、探亲、旅游、商务考察、会议等方式走出国门，去了解外面的世界。这些人当中，有政府官员，有民间团体，还有个人。

在美国和加拿大以及其他国家，都能见到中国人开的餐馆。许多城市都有“Chinatown ”，我们将其翻译为“中国城”或者叫“唐人街” 。在这里，你能听到普通话、闽南话、粤语等不同方言，很是亲切。同时，也能吃到中国的川菜、粤菜等。

在美国的西雅图、洛杉矶、拉斯维加斯、纽约、费城以及加拿大的温哥华、维多利亚等城市，我特意到 “Chinatown”去看看中国人开的商店、饭店。这些店的名字分别用中英文书写。有的是打印字体，也有的是用毛笔写的书法体。

在中国城的街道门口，竖立着高大的门楼，上面的屋顶上是琉璃瓦，其

↓美国西雅图中国城华人开的商店

↑美国西雅图的中华门

结构是仿中国古典建筑的翘檐式。门头上写的名字是“中国门”、“天禧门”、“唐人街”等。门楼两侧的柱子上刻有对联，有的柱子下面还卧着一对石雕狮子。

我们还接触了一些移民到美国的中国人。但最让我吃惊和想不通的是，他们对待国内游客的冷漠、压诈、欺骗……难道我们不是同胞吗？

在拉斯维加斯，我们要乘飞机去纽约的前一天，妻子在网上联系到一位在当地开出租的华人（其实开的不是出租公司管理的车，而是用私家车来做生意，类似于国内的黑出租。在美国的一些城市，好多定居的中国人在做这样的生意。他们的客户主要是来自大陆的游客，坐他们的车比出租车便宜，同时也没有小费。这些人多在网上留有自己的电话号码和英文名字，也有汉语名字，但都不是真名）。第二天一大早，他在酒店门口接我们时，我一眼就认出了他叫王某某。20年前，我在西安上大学时，曾经在一家小报做过兼职记者，王某某当时是编辑部主任，我们还外出采访过好几次，我写的稿子是要经过他编辑才可上报纸的。上车后，我就说起来这事，开始他还很犹豫，说不认识我。后来我就列举了当时几个具体的事件，并说出了他原来的名字。不知道他是终于想起来了还是迫不得已，总之是认同了。说自己到美国已经十多年了，全家都移民过来了，主要以开家庭旅馆和接送游客为主要挣钱方式，同时他还在一家华人报社做兼职。

十五分钟的车程，很快就到了机场。妻子给他付钱时，他没有像国内熟人之间那样客套式的谦让，也没有少收。只是说，“坐这车便宜，还没有小费，以后你们再来拉斯维加斯时找我好了”。说完，匆匆而去。

在洛杉矶我们住的是华人家庭旅馆。聊天中知道房东夫妇50多岁了，是成都人，二人均是专业军人。来美国之前，女的在政府部门上班，男的在一家银行上班。20世纪90年代末移居美国（据他们讲，现在还领着原来单位的工资及有关保险、养老金等）。到美国后，女的先在一家餐馆打工，后来和别人合开了一家餐馆，就不用每天去上班了。男的开长途卡车，跑遍了美国的所有州。现在，开家庭旅馆和接送客人是他们家的主要经济来源。

当我们住下之后，男的给了我们一张住房须知单。看到上面写的约定，我感到这简直就是霸王条款，心里很不是滋味。因为这些内容在网上预约时，根本没有讲。要不是人生地不熟再加之旅游时间有限的话，我们真想换到酒店去住，宁愿多付一点钱。

其中一些条款，我们在别的家庭旅馆住宿时，都是不收费的，但在他们家都收费。比如用美国国内电话每10分钟50美分、使用微波炉一次2—5美元、使用网络接通费5美元…… 他们家不提供做饭的设施，要么到外边去吃，要么在他家吃（这饭钱是要付的）。但是，小孩也算钱，只比大人少一点点；需要用车接送的话，按公里算，若在接送时有等候，等1小时加收10美元（因为他们家住在远离公共交通的居民区，要出门的话还必须让他们接送）；代购旅游景点门票，每张收3美元的服务费。如果客人自己开车来，晚上停在他家的院子里，停车费每晚3美元。在停车时，不小心撞坏了院里的花草、花盆、树木等，也明确写着要赔偿的钱数。总之，一切都是钱字了得。

在美国，中国人开的商店、餐馆、家庭旅馆，自然是中国人消费的多。店主都要求客人直接付现金，如果要刷信用卡，要么有消费额度的限制，要么还要收手续费。比如上面提到的洛杉矶那家华人开的家庭旅馆，在条款中就明确规定，信用卡支付加收3.5%的手续费。后来，我才明白，中国人可能在逃避一些税收。但美国人开的任何商店，无论你消费多少，都可以刷信用卡。

随着在美国时间的延长，我的英语水平不断提高，可以和美国人进行深层次的交流。有一次，我和一位外国朋友聊天。他说中国人现在很富有。我说NO，美国人比中国人富有。

之后，他举了一例子来证明。说他见过中国城的好多商人很富有，他们在美国的生活挥金如土，奢侈浪费，或商场购物，或购房置业……皆出手阔绰大方，潇洒慷慨。就连当地的美国人也比不上。另外，一些中国留学生在国外开名车、穿名牌；好多到美国旅游的人，大肆购买美国的名牌产品和奢侈品。

一些中国人在美国的消费行为，把美国当地的老百姓看得目瞪口呆。他们便送给我们“土豪”（local tyrant）称呼。

对此，我默然了，无言以对。我真不知道如何给这位美国朋友一个合理的解释。我心想，难道中国人真的都很有钱吗？

“土豪”，中国古代的意思很多，且多为贬意，多指旧社会农村中有钱有势的地主或地方上的恶霸豪绅。目前有三种引证和解释：其一，指地方上有钱有势的家族或个人。《宋书·殷琰传》记载：叔宝者，杜坦之子，既土豪乡望，内外诸军事并专之。《南史·韦鼎传》中有“州中有土豪，外修边幅，而内行不轨。”明末清初顾炎武的《田功论》记有：”募土豪之忠义者，官为给助，随便开垦。”其二，特指乡村中有钱有势的恶霸。顾炎武《与人书》又记：“马角无期，貂裘久敝，惟长者垂悯孤根……不至为土豪鱼肉，即石田十顷徐图转售，尚得为首丘之计。”另外，清代郝懿行《晋宋书故·土豪》有：“然则古之土豪，乡贵之隆号；今之土豪，里庶之丑称。”毛泽东的《怎样分析农村阶级》中称：“军阀、官僚、土豪、劣绅是地主阶级的政治代表，是地主中特别凶恶者。”其三，指一方的首领。宋代文天祥《己未上皇帝书》记：“至如诸州之义甲，各有土豪；诸峒之壮丁，各有隅长。彼其人望，为一州之长雄。”

如今，“土豪”一词已经从政治学意义上的贬义词转化为社会学意义上的社会分层与贫富差距的一种直白写照，同时也涉及文化意义上的精神品位和价值取向。

“土豪”对一个人来说，是指这个人虽然富有，但他巧取豪夺，见利忘义，欺上压下，富而不仁，除了钱还是钱，缺少基本的文化知识和素养，富而不贵。当今社会，追求金钱没有错，但重要的是你用什么方式去追求，用什么方式去获取以及取得金钱后的目的。

如果一个国家的“土豪”太多，则说明这个国家的发展重心是以经济价值为导向，整个社会的拜金主义思想浓重，导致社会衡量一个人成功的标准仅以他赚钱的多少，而不是为国家、为他人做了多少贡献，会引发很多社会问题。

许多国人对“土豪”一词没有正确的认识。当别人说他是土豪时，他还引以为豪。这是多么可悲的事情。甚至有商家将其产品也命名为“XX土豪”，显得幼稚、无知。

还有，从2013年开始，“土豪”一词在媒体上频频出现。在马年来临之际，网络祝福以及其他媒体上的广告语竟然是“祝你马上土豪”。这是多么可悲，可笑呀！

管仲曾经说过“仓廪实则知礼节，衣食足则知荣辱”。汉朝司马迁在写《史记·货殖列传》时引用了管仲的话：“仓廪实而知礼节，衣食足而知荣辱”，并将“则”改成了“而”。但当今社会出现的“笑贫不笑娼，攀比摆阔气，错位经营自己”等许多怪现象与不良风气却透露出，“仓廪实未必知礼节，衣食足未必知荣辱”。

今天中国的“土豪”们确实“仓廪实、衣食足”，但他们的行为表现却是不知荣辱和礼节。可见，“仓廪实、衣食足”是“知礼节、知荣辱”的前提和基础，却并非必然。

要让我国的“仓廪实、衣食足”者知“礼节和荣辱”，必须从根本上践行精神文明教育，而且这个教育还是一个长期的过程。

对政府来说，应该注重精神文明建设，建立新的社会评价标准体系，将知识、素养、对社会和他人的贡献作为重要权重，而不是将一个人拥有多少财富作为人生成功的唯一标准。

对媒体来说，不能将历史上一个贬意名词，随意赋予一个新意，以引起大众的关注，更不能潜移默化地倡导，让人人都来当“土豪”，从而助长了社会公众的“土豪”意识，使其以耻为荣。

对高校来说，必须重视人文素质教育，让大学生树立服务于社会的正确人生观。二战后，美国高等教育十分重视人文和历史教育并普遍设置了人文历史学科。相对而言，美国大学更重视人文历史教育。他们不仅让学生掌握基本的人文历史知识，更重要的是培养学生的人文精神和历史思维能力。现代社会，知识更新很快，大学所学的不少知识可能会过时，但高校对大学生所进行的人文历史精神和思维方式的培养却是最根本的，不容易过时。因为它是一个人发展的内在文化基因。

如今，我国政府正在倡导中国梦。我的梦是，我们什么时候不再“土豪”。

22

神怎样爱我们，我们也怎样相爱

Love
NO
Border
大愛無疆
愛

2012年美国时间7月15日是我们回国的时间。前一天晚上，我们一家人都激动得睡不着。女儿不时地问我们什么时候才能回到西安,她就可以和院子里的小朋友们玩耍了。妻子对她说，快了，明天就到家了。

我们所住东华盛顿大学的留学生公寓Grove，距离华盛顿州的斯波坎国际机场不是很远，只有40分钟的车程。该校国际交流中心的Olga女士负责送我们到机场。

第二天早上6点，她就到公寓楼下等我们。

后来，江西南昌大学的徐剑锋老师一家三口也早早起来，帮我们搬行李，他们在美国还可以再呆几个月，他们的女儿琦琦不停地叫着我女儿的名字。在GROVE公寓，就她和我女儿是中国小女孩，两个月的相处，她们成了一对好朋友。出乎我们意料的是，妻子的好朋友Tami也匆匆赶来，她与我们一家人紧紧拥抱，舍不得分离。

行李全部装上后备箱后，Olga发动了车子。我透过车窗，看见Tami的眼圈湿了，不时用手擦。妻子在美国期间，她们相处得很好。

我们相互不停地祝福，在再见声中挥手道别。这瞬间很快，但却永远珍藏在我们的记忆深处。

随着车子的前行，我们的留恋之心愈加强烈。只能在心里默默地说——

回国——在美国华盛顿州的斯波坎机场

别了，浪漫温馨的Grove，别了，令人怀念的东华盛顿大学校园，别了，我们亲爱的Tami，别了……

登机时间是9:00。Olga送我们到机场过了安检之后离去。此时离飞机起飞还有1个小时。

坐在候机厅的椅子上，我们沉默着，不知道说什么。忽然，我和妻子不约而同地冒出了同一句话“我们就这样离开美国了”。

是的，就这样离开了。而离别的滋味真是一言难尽。

我的脑海中不由得闪现出5月份我和女儿来美国时，到达斯波坎机场的情景，我说：‘我来的时候，是你和徐剑锋在这里接我们。转眼间两个月过去了，我们就要走了，真快呀！”

妻子说：“我来的时候，下了飞机，看见地面上还有积雪，半年时间恍惚而过，做梦似的！”

妻子又说：“我在美国半年时间的访学就这样结束了，这里是我今生第一次来的地方，也可能是最后一次。”言语中有点伤感。

是呀，有些地方和有些人，可能一生就去一次，见一次，以后再也没有机会了，但在心中却留下了终生难忘的记忆。有的地方常去，有些人常见，而心里却没有他们的位置。

一切随缘吧。

为了缓和情绪，我们逗着女儿玩。她就给我们做鬼脸，又不时地一边拉着行李箱，一边挎着妻子的手提包在大厅里走动，并摆出各种Pose，让我们给她拍照。由于候机厅就我们一家中国人，她的活泼很引人注目。

我心里明白，女儿太高兴了，因为过十几个小时后，就到家了，她就可以和自己小伙伴玩耍了。

妻子问：“琛琛，你觉得美国和中国有什么不同呀？”

女儿想了一会儿说：“我觉得美国的草地多，而且绿，可以在上面坐着和躺着玩。美国的火车是两层的，中国的火车是一层……”

妻子进一步问道：“还有什么不同呀？”

女儿歪着头说：“这里的人说英语，叽里咕噜地我听不懂，中国人说的话我能听懂，还有，这里的电视、书全是英文的，中国的不是。”

我们笑了。看来，经过两个月的旅游，女儿还是很有收获的。

不觉中，登机时间到了。我们从这里乘坐阿拉斯加航空公司的航班，经过2小时的行程到达西雅图后，在当地下午4:15改乘中国南方航空公司的航班，经过10多个小时的飞行，到达北京首都机场，然后再坐晚上9:30的飞机，到达咸阳国际机场后，才算是到家。旅途的劳累是不言而喻的。

到达西雅图时，离登机时间还有几个小时，我们到候机厅的商场里转了一会儿，在一家免税店买了一些东西，就坐在南航登机口的座椅上等候，这时候，我看到同机回北京的中国人多起来，面孔似曾熟悉，又不相识。

下午登机后，我坐在妻子和女儿的后一排。过了一会儿，上来一位中国老太太，她的位置在我旁边靠窗的地方。老太太拉着一只圆鼓鼓的行李箱，有点沉。空乘小姐不能把它举起来塞到行李箱中，我站起来帮了她们。老太太和空乘小姐很感激。

老太太坐定后，就主动和我打招呼。起初我还以为她是到美国探亲的。后来才知道她是台湾人，已经定居美国西雅图二十多年了，退休前在一家医院里当会计。这次她要到国内甘肃临洮去参加一个国际医疗援助项目。

我对这个项目很感兴趣，就和她攀谈起来。老太太告诉我——

这个项目最初是由美国眼科复明协会(GANSU INC)原主席、眼科专家康纳德教授发起的。康教授的祖籍在甘肃临洮，1993年他带着夫人回家探亲时，发现当地因为风沙比较大，再加之气候等原因，许多老百姓得了白内障，因没有钱治疗失去了光明，生活很痛苦。康纳德教授是一名虔诚的基督教徒，这件事对他的感触很深，他决心为家乡的亲人做一点事情。

他回到美国西雅图后，在教会里组织了一批自愿者，有医生、医药厂家的老板以及其他社会人士。这些人自愿并自费到中国去，为临洮的老百姓解除痛苦。于是在该年，美国眼科复明协会(GANSU INC)和甘肃省卫生厅签订了一个无偿援助协议，援助时间是1993年至2012年，共计20年时间，治疗场所、患者由当地政府安排，其余都是医疗队自己的。每年的7月中旬至8月下旬之间，美国眼科复明协会将派出一批医生到甘肃为当地老百姓治疗眼病。2012年是该项目实施以来的最后一年。老太太说她已经去过甘肃好多次了，每次去的任务就是当翻译，这一次她是第二批援助工作人员，第一批已经到达了。

听着这个项目的来龙去脉，我的心里除了惊讶之外更多的是佩服、崇拜和深深地感动。禁不住插话问道："你们的来回机票以及住宿当地政府应该给解决吧？"

老太太真诚地说："这些全部是我们每个人自己负担，让对方掏钱咋能叫无偿援助呢？"她接着补充道："有时候，我们对县里的地理位置不熟悉，当地卫生部门就用车送我们去，除过这个，一切费用都是自愿者自己负责。"

我心中为之一震，想到自己在国内也参加过一些所谓的无偿援助、捐赠活动，但其实质并不是这样。

"那你们去了之后，要不要休息几天，倒一下时差？"我进一步问道。

"不需要，到了当地之后，最迟第二天就开始工作，每批工作人员在当地的工作时间只有20天，要做的事情很多。"

我还了解到，美国眼科复明协会是一个非政府组织，成员多是基督教徒。

飞机到北京首都机场后，分手时，老太太对我说："如果有条件的话，你们应该读读圣经，让你的孩子自小就读，很有好处。"我笑着答应了她。

后来，回到西安后，我在网上搜索，发现甘肃省当地新闻媒体在2012年7月至8月，有多篇该项目的消息报道，大意多为——

"7月20日，经省外办批准，美国眼科复明协会一行12人在临洮县人民医院为贫困眼疾患者免费开展白内障复明手术活动。美国眼科医疗队计划于7月中旬至8月下旬，实施白内障复明手术160例。医疗队分成二批，每批在甘肃工作时间20天左右，第一批医疗队一行5人，由该协会创始人康纳德教授带队，于7月10日抵达临洮县人民医院开始工作。7月16日，省卫生厅外事处有关人员专程前往临洮县，看望并慰问美国眼科医疗队员，并同

↑甘肃省卫生厅领导与美国眼科复明协会医疗队的合影（图片来自甘肃省卫生厅网站）

当地政府及有关部门安排相关工作落实事宜。

“据悉，今年（2012年）是美国眼科复明协会在中国实施复明手术项目的最后一年。从1993年开始执行至今，共有450名美国医务人员和志愿者先后在我省（甘肃）9个市州贫困地区为广大白内障患者免费实施了复明手术6500多人次，进行眼科门诊8500多人次，举办学术讲座46场，并捐赠了一定价值的眼科医疗物资。该项目的执行，使我省贫困地区的眼疾患者重见了光明，恢复了劳动能力，提高了生活质量，深受广大眼疾患者欢迎。”

看了这些报道，我的心里颇不平静。媒体报道只说明了事件的结果，而对该援助项目的来源、工作细节等内容没有报道。另外，有的媒体在报道中还有“应我厅（甘肃省卫生厅）的邀请”的话语，这不准确。这样，重见光明的患者，不知道是感谢政府呢，还是感谢美籍华人眼科专家康纳德教授及其夫人组建的医务人员和志愿者？

我想，还是感谢上帝吧。

因为耶稣说过：“你要尽心、尽性、尽意，爱主——你的上帝。这是诫命中的第一，且是最大的。其次也相仿，就是要爱人如己。这两条诫命是律法和先知一切道理的总纲。”

总之，神怎样爱我们，我们也怎样相爱!

附　录

美国学生是怎样学习历史的

2015年4月7日下午，当我打开邮箱时，里面有这样一封邮件——

Dear Dr. Hongji Yue,

My name is Allison Jones and I am a 7th grader at Richland High School. I am doing a history project over Qin Shi Huangdi, the First Emperor of China. My partner and I were wanting to get an interview with you if you have any acknowledgments.

Candidly,

Allison Jones

亲爱的岳红记先生：

我叫Allison Jones，是一名里奇兰高中七年级的学生。我正在做一个关于中国秦始皇的历史项目，我想和我的合作伙伴去拜访您，您能否答应我们的请求。

诚恳的Allison Jones

我看了后面的附件内容，才知道这个学生是东南密苏里州立大学（South East Missouri University）历史系主任推荐的。

我对美国中学年级划分了解不多，于是查了相关资料，才知道美国的小学和中国的一样，都是六年制。而美国的初中只有两年，他们的七年级、八年级相当于我们的初一、初二。美国的高中为四年制，九年级至十二年级。可见，Allison 和她的同学只是初中一年级的学生。

知道了这些内容后，我大为惊讶。心想，美国中学是如何安排课程的，竟然让两个七年级的学生做关于中国第一个皇帝秦始皇的研究项目。她们能行吗？

带着疑虑，我给这位学生回了邮件，让她们周五上午9:30来我的办公室见面。

周五上午， Allison Jones和她的同伴与我如约相见。

随着几声敲门声，我打开办公室的门，看到的是两个白人小姑娘，她们的长相要比实际年龄成熟得多，像高中生。她们每人带了一台微型电脑，坐下来后就把电脑打开。她们两人分工明确，Allison负责提问，她的同伴负责记录。

在相互交谈中，我问她们为什么选择这个有一定难度的主题，Allison说，学校要举行一个历史节活动，要求每两个同学一组，选一个自己喜欢的主题参加比赛，她们俩对中国历史比较感兴趣，所以选择了中国历史上的第一个皇帝秦始皇。她还说如果有机会的话，以后要到中国去旅游。

我心中暗暗为她们学校的做法叫好，也对她们俩的选题很是称赞。进入主题，她们开始提各类问题。她们的发音有点快，我有时候跟不上，有的单词抓不住时，她们就用笔写。

她们的问题主要集中在如下几方面：一是秦始皇统一中国以前，还有没有谁想统一中国？二是秦始皇统一中国以后有哪些困难？三是秦始皇是如何管理这个国家的？四是秦始皇为什么要吃长生不老的仙丹？五是除了兵马俑外，秦始皇还留下了哪些工程？

这些问题，很有质量，也有一定的深度和难度，让我一下子改变了自己先前想对她们做基本知识介绍的想法。看来这两位同学做了精心准备，一定是预先查了资料文献的。我确实难以相信这些问题是两个初中生独立思考出来的。因为在中国，这类选题完全可以做课题研究。

想想自己当年的初中历史课，多是记忆历史年代、历史事件、历史意义等内容。即使现在的本科生、研究生的毕业论文，老师也一直强调他们不要做太大的选题研究。

对于两个中学生的提问，所幸我还比较了解历史，就为她们一一做了解答。特别是最后一个问题，更是令我没有想到。我对她们说，秦始皇留下的巨大工程，除了秦陵及其兵马俑之外，还有万里长城、秦直道，并对这些工程做了大概的介绍。我解释完后，那个记录的女孩，还特别问了秦始皇修筑的灵渠。

我的心里一震，趁机夸赞她们掌握的资料很全面。那个女孩说，她们从一些资料里知道这项工程的名词，但不知道具体内容，希望我解释一下。于是，我又给她们补充了灵渠的知识。

↑作者接受美国Richlan中学生的访谈

通过这次接触，我对美国学生学习历史课程颇感兴趣，为了深入了解美国学生是如何学习历史的，我由其他老师介绍，到该校Lily Santoro老师的课堂上旁听了几节课。Lily Santoro老师讲授美国历史，该门课程属于全校的公共课。她给学生推荐的教材是*The American People*，这只是基本教材，是学生学习的线索。在每节课堂上，她还给学生推荐了许多课外资料，包括一些背景材料、一些学者发表的文章等，通过广泛阅读与思考，让学生对相关内容了解得更加深刻。

Lily老师的课很受学生欢迎。课堂上不仅互动多，而且有时还用讨论形式，比如在讲到国家大选时，她把学生分成两组，扮演民主党和共和党，进行辩论，让学生根据派别立场分别阐述自己的观点，讨论积极热烈。

听过几次课后，我发现Lily老师讲课，并不是让学生去记住基本的历史知识，而是很注重历史知识的应用。后来，我还与其他历史老师进行交谈，发现该校老师发表的历史研究论文、出版的相关专著等都比较注重历史知识的应用，这并不像中国学者研究历史时那样，只注重历史事实的考证、历史事件的挖掘等。我想，他们的研究方法、研究目的一定对他们的授课有很大的帮助。

所以说，美国老师讲授历史课以及研究的方法是值得我们学习的。

后 记

当东方出版社准备出版这本书时，我正在美国东南密苏里州立大学做访问学者，也正在着手写第二部关于中美文化对比的散文。正是因为有了第一次去美国旅行的体验，才有了这次的访学。

互联网的发明，把世界变成了一个地球村。但网上也只提供了一个联系和展示的平台。要真正了解一个地方和一个国家，必须身临其境，去观察，去体验，这样才能有比较全面的认识和比较，才能更深入地思考。登山练意志，观海开胸怀。远行长见识，思考生智慧。

2012年在美国的两个月时间，我对美国社会的教育、商业、旅游等方面有更多的认识。总想把这些认识和感想写下来，和国内的读者们一起分享。我起先在自己的QQ空间发表了几篇，一些网友看了，很感兴趣，觉得从中受益匪浅。他们建议我写一本书。在美国期间我列了30多个题目，把每天的感觉写下来，但只写了前半部分，后半部分是在国内写的。最后，从中选出22篇文章结集出版，以飨读者。

为此，我和编辑老师鲁艳芳以及好友许晓善等人通过网络对本书的文字、版式设计、图片质量、内容等进行多次沟通，并共同商议，力争使本书更加完美，使读者从这本书中得到更多的精神食粮，这才是我们的共同心愿。

这本书的写作是一个痛苦的过程。无论是在国外写的前半部分，还是在国内写的后半部分，总之，我没有开心过。因为我看到了我们的不足之处，同时也认识到，中国正在走向富强，或许有一天，我们的GDP会超过美国，但我们与他们的总体素质相比仍有很大的差距。因此，我们的很多观念和认识急需改变，好多事情也急需我们通过不懈地努力来提高、来完成……

通过这本书，我想让读者更加清楚地认识到：中国和美国的真正差距是什么；中美文化的差异在哪里；中美文化是如何进行交流与碰撞的；在这种文化交流与碰撞下，我们每个人应如何提高自己的文化素养。

我认为，随着我国经济的发展，中美文化的交流与碰撞在未来将会更加频繁、激烈，这种结果更有助于我们的经济、文化向更好的方向发展，将会使我们的社会变得更加文明。

我要感谢爱人杨丽女士和闺女琛琛。在美国旅游期间，她们给我带来了乐趣，使我在劳累的行程中产生了许多灵感与思考，也使我们行程的内容更加丰富，更有意义，才给我带来了更多的写作灵感与写作素材。

写作是一种艰辛的劳动。朋友的鼓励与支持，给了我莫大的精神动力。比如图书出版界的好友许晓善，我2012年7月从美国回来时，就把写作提纲发给他与他讨论相关内容，他看后非常高兴，并支持我尽快完稿。感谢西安晚报社文化版的编辑章学锋，他曾经和我多次讨论该书的写作思路，并给我提了许多修改建议。另外，在我写作的过程中，还有其他朋友给了我许多鼓励和帮助，也在此一并表示诚挚的感谢。

写书不容易，要出版更是艰难。感谢陕西省博士后科研项目办公室和长安大学博士后流动站许岁爱老师对本书所寄予的厚望和关怀，也感谢编辑鲁艳芳女士，她为本书的出版也付出了辛勤的劳动。

岳红记于美国东南密苏里州立大学

2014年2月初稿

2014年4月一改

2014年9月二改

2015年8月三改